POSITIVE ENERGY
正能量
用信念改变自己

（美）卡耐基 ◎著　张然◎编译

中国商业出版社

图书在版编目（CIP）数据

正能量：用信念改变自己 /（美）卡耐基
(Carnegie, D.) 著；张然编译. -- 北京：中国商业出版社，2013.5
ISBN 978-7-5044-8071-2

Ⅰ. ①正… Ⅱ. ①卡… ②张… Ⅲ. ①成功心理—通俗读物 Ⅳ. ①B848.4-49

中国版本图书馆CIP数据核字(2013)第063871号

责任编辑：张振学

中国商业出版社出版发行
010-63180647　www.c-cbook.com
(100053北京广安门内报国寺1号)
新华书店总店北京发行所经销
北京毅峰迅捷印刷有限公司

710×1000毫米　16开　15印张　200千字
2013年7月第1版　2013年7月第1次印刷
定价：29.80元
＊＊＊＊
（如有印装质量问题可更换）

前 言
FOREWORD

倘若以真空能量为零，那么能量大于真空的物质为正，能量低于真空的物质为负。正者自然就被称为正能量；反之，就是负能量。受此启发，我不由想到我们的人生。如果一个人有强大的精神正能量，那么他的人生将一往无前，无所畏惧。所有的失败都将被他轻轻踩在脚下，最终他会成为高歌猛进的胜利者，摘取那个诱人的金苹果。

正能量之所以具备这样神奇的魔力，在于它能够给人向上的动力和希望、促使人不断追求进步，并在关键时刻、重要场合带来改变一切的力量。拥有更多正能量的人，坚定自己的信念，拥有人生的目标，知道自己的所需并为之不断努力。当困难来临时，他们不嫌麻烦或贪图安逸，他们知道山丘后面会有更美丽的风景。当心灵疲倦时，他们知道如何调整自己的内心，让心灵重获平衡。

每个人身上都是带有能量的，健康、积极、乐观的人带有正能量，和这样的人交往，会吸收别人的正能量，令你感染到那种快乐向上的感觉，让你觉得"活着是一件很值得，很舒服，很有趣的事情"。而悲观、体弱、绝望的人恰恰相反，除非你有足够的意志力，否则不要和负能量的人交朋友。

我们每天都会接触到各种负能量，当你状态不佳时就很容易让负能量入侵，这就是你需要修炼的时候，要尽量缩短将负能量转化为正能量的时间。你可以通过一系列的训练方法，提升我们内在的信任、豁达、愉悦、进取等正能量；规避自私、猜疑、沮丧、消沉等负能量。

在这本书里，我将给大家指引一条正确的人生之路，那就是用信念改变自己，战胜自己，和以往的不良习惯作斗争，塑造一个全新的自我。多年的研究表明，人的意志力来自人类自身，来自于人体的能量场，减少不该有的欲望，保持心态的平和，多做善事能增加这一能量场。人的意念越专一，这个能量场就越大。当你陷身困惑、争执或消极能量之中时，尝试摆脱或改变破坏性的能量。当积极的能量被引爆时，你的人生将会得到神奇的大转变！

朋友，如果你有兴趣读完这本书，你将会从中学到一系列实实在在的方法，提升你内在的信任、豁达、愉悦、进取等正能量；削减自私、猜疑、沮丧、消沉的负能量，彻底改变你工作、生活、行为的模式。

目录 CONTENTS

一　思维正能量
　　改变意识就能获得改变世界的力量

你的生活是由你的思想创造的 / 003
避免行为与想法的背离 / 005
走一条和别人不一样的路 / 008
用创造性思维打破困局 / 010
梦想可以激发人的无限潜能 / 013
别让"标准答案"束缚你 / 015
想象力永远不会枯竭 / 017
创意是世界上最伟大的力量 / 020

二　性格正能量
　　唤醒能量巨人，人生无所畏惧

性格决定命运 / 025
不要被别人的看法左右 / 027
自卑是人生中最大的错误 　//029
不要过于自负 / 032
冒险性格让你能量倍增 / 034

发挥自己的内向者优势 / 037
真正的成功始于行动 / 039
培养坚强的自制力 / 041
真心待人可以获取更多人情 / 044

三　气场正能量
积极辐射正能量，缩小心与心的距离

有气势不如有气场 / 049
自信和真诚最能打动人 / 051
关注对方让气场相合 / 054
热情拉近心与心的距离 / 056
别在气势上被对方压倒 / 059
分享利益让彼此靠得更近 / 061
和能量强大的人在一起 / 063

四　心态正能量
创造快乐，做最幸福的自己

正能量催生全新的内心世界 / 069
心中有光明，世界就不会黑暗 / 071
没有绝望的处境，只有绝望的人 / 074
告诉自己"我能行" / 076
任何苦难都不要放在心上 / 079
再难也要笑一笑 / 081
有些时候要选择遗忘 / 083
快乐总是与洒脱相伴 / 086
坚持下去就会交上好运 / 088
始终保持空杯心态 / 090

五　暗示正能量
正向的自我暗示打造超级意志力

人生的得失缘于潜意识 / 095
冲破潜意识的那堵围墙 / 097
勾画成功后的自我 / 100
明确的目标是成功第一推动力 / 103
有效运用第六感 / 106
事情不是你想象的那样 / 108
接受生活中的不完美 / 111
任何时候都看到希望 / 114

六　情绪正能量
努力对抗负面情绪才会掌控命运

情绪化让你坏大事 / 119
控制情绪，激发潜能 / 121
别为打翻的牛奶哭泣 / 124
情绪不好时转移注意力 / 126
挫折，让生命更精彩 / 129
学会用努力战胜怒气 / 131
好情绪缘于自我管理 / 133
浮躁，让远大理想化为泡影 / 136

七　人脉正能量
和谐人际，让人乐于跟你合作

善于控制自己的情绪 / 141
成为察言观色的高手 / 143
尊重别人，获取人心 / 146
尽量减少与他人的冲突 / 148

搬掉猜疑这块石头 / 150
朋友需保持一定的距离 / 153
结交比自己更优秀的人 / 155
抓住改变命运的瞬间 / 157

八 口才正能量
让热情洋溢的演讲发挥出你的魅力

充满自信地当众讲话 / 161
让你的话语充满画面感 / 164
尽量让对方说"是" / 166
以自己的亲身经历打动听众 / 168
把话说到点子上 / 171
让听众与你"零距离"接触 / 173
借幽默强化感染力 / 175
出色口才来自于不断练习 / 178
展现自己口才魅力的艺术 / 180

九 习惯正能量
好习惯成就高效能人生价值

有责任，才会有能力 / 185
出了问题不要找借口 / 187
严格按照工作流程做事 / 190
多从自己身上找差距 / 192
千万不要只为薪水工作 / 194
让自己成为不可替代的人 / 197
健康是人一生的财富 / 199
告别不良饮食习惯 / 202
让自己不再疲劳 / 205

十　形象正能量
　　充分展示自信，永葆青春活力

"首因效应"帮你完美亮相 / 209
微笑是你最好的名片 / 211
人格魅力比什么都重要 / 214
良好的礼仪是财富 / 216
握手大有讲究 / 218
培养自己独特的气质 / 221
做到得体化妆 / 223

附录　卡耐基经典语录

一　思维正能量
改变意识就能获得改变世界的力量 <<<<<<<<

如果思想是快乐的，我们当然就是快乐的。如果想得凄惨，我们就会凄惨。有恐惧的想法，就会心生恐惧，病态的思想真的会令人生病。

心态是我们真正的主人，要改变自己的生活，就要先改变自己的思维方式，发挥思维的正能量。创造快乐的情绪，你会感到更幸福；想象完美的自己，你会越来越成功；像一个百万富翁一样思考，你会奇迹般地致富——多半的人都可以决定自己要有多快乐。总之，你改变意识的同时，就获得了改变世界的力量。

——引自卡耐基《快乐的人生》

你的生活是由你的思想创造的

不妨试一试，努力使你的脸上露出一个很开心的笑容，挺起胸膛，好好的深吸一口气，然后哼上一段歌。你会发现，积极的意识能量会带给你不一样的世界。

哲学家奥里欧斯说："我们的生活是由我们的思想创造的。"这表明，每个人都是自己思想的产物。人是智能生物，智能者必爱思考，思考的多变性，就决定了我们人生的多变性。现代心理学认为，人的命运是由5%的潜意识决定的。

不过，人类的思考有一个致命的弱点，就是往往容易朝向否定的方面，对自己肯定得不多，所以肯定思考的价值非常重要。

塞缪尔·斯迈尔斯认为，要使成功的金科玉律成为自己的法则，必须养成肯定事物的习惯。如果不能做到这点，即使潜在意识能产生更好的作用，终仍无法实现愿望。

相对于肯定性思考的，就是否定性的思考，凡事以积极的方式即是肯定，而以消极的方式则是否定。

如果经常抱着否定想法，必然无法期望理想人生的降临。有些嘴里硬说没有这种想法的人，事实上已经受到潜在意识的不良影响了。

有些人经常这样否定自己："凡事我都做不好"，"人生毫无意义可言，整个世界只是黑暗"，"过去屡屡失败，这次也必然失败"，"没有人肯和我结婚", "我是个不擅交际的人"……持这类想法的人，生活往往不会快乐。

当我们向他们询问及此种想法由何产生时，得到的回答多半是："这是认清事实的结果。"尤其对于罹患忧郁症者而言，他们也会异口同声地说："我想那是出于不安与忧虑吧！我也拿自己没办法。"然而，只要换成另一个角度去想，现实并不如你所想象的那么糟，例如有些人会想："我虽然一无是处，但也过得自得其乐，不是吗？"肯定自我，有了乐观而积极的想法，你人生才会找到新的方向和意义。

诸如失恋、失业之类的残酷事实，有时会无可避免地发生在我们自己身上，然而千万不要因此绝望地否定自己，从此一蹶不振。对一切事物的想法均在个人的一念之间，因此，肯定思考极为重要。此语并不涉及任何意念智慧的高低，而全赖思考的层面而定，亦即对于事物所思考的结果。尤其当人处于绝望状态时，更应肯定思考，想想看，如果你能在人生遭遇悲惨的时刻告诉自己："与其呼天唤地，不如改以积极的态度来面对吧！"这是何等有力的救赎！

一直以来，忧虑总是发疯似的困扰着我。我忧虑我会得心脏病、精神病、颈椎病等，我忧虑我能不能找到一个稳定的工作，我忧虑孩子的学习怎么搞上去，我甚至忧虑煤气是不是关了、电灯是不是关了。即使是做一件事的过程中，我的神经也处于极度的紧张中。我一度处于崩溃的边缘，有时会莫名的大声哭泣。晚上，我总是整夜整夜的失眠。可以说，我控制不了自己的思想。我每天都痛苦不堪，觉得所有的人都抛弃了我。甚至，我自闭地想躲开所有的人。

昨晚，我又失眠了。半夜三点，我开了灯，随意打开一本书——就恰恰是培养快乐心理方面的。我告诉自己，就是它，它是来拯救我的思想的。生活的快乐与否，完全决定于你个人对人、事、物的看法如何，因为生活是由思想造成的。不错，如果我们想的都是快乐的念头，我们就能快乐；如果我们想的都是悲伤的事情，我们就会悲伤；如果我们沉浸在自怜中，大家都会有意地躲开我们。

如果你感到不快乐，那么唯一能找到快乐的方法就是振奋精神，使行动和言词好像已经感觉快乐的样子。告诫你自己：我要爱护我的身体，我要多参加运动，善自照顾，善自珍惜；我要加强我的思想，绝不做一个胡思乱想的人；今天，我要为别人做一件好事；我要做个讨人喜欢的人，对任何事都不挑毛病，也不干涉或教训别人；要试着只考虑怎么度过今天，而不把我一生的问题都在一次解决；我要定下一个计划，避免做事过分仓促或犹豫不决；我要心中毫无惧怕，不要怕快乐，要去欣赏美的一切，去爱。

朋友，立即行动起来吧，积极思考，勇敢行动，你的人生就会出现很大的改观。而这一切都是正向思维带来的快乐、进步！

避免行为与想法的背离

行为与想法出现背离而产生不同结果的事实告诉我们，人的正向思维必须从根本上掌控行为，才能成功我们赢得改变世界的力量。

多年来，心理学家一直在研究人们"所言"以及实际"所为"之间的关系。其中就有马萨诸塞州史密斯大学的莱纳德·比克曼及其同事的研究。

比克曼试图通过乱扔东西这类小事，来研究人的想法与行为之间的联系。他与他的团队来到一条繁华的街道，故意将几张皱巴巴的纸扔在垃圾桶不远处；并且，这些废纸就扔在人行道上。然后，他们来到马路对面，偷偷记录行人的表现，看看有多少行人会将废纸捡起扔到垃圾桶中。结果发现，马萨诸塞州的居民们并不是那么的爱清洁，只有2%的行人捡起了垃圾并将其扔进了垃圾桶中。

实验的第二阶段，实验人员截住刚刚走过那条街道的几百位行人，并问了他们一个问题："当看到街上有垃圾时，是不是每个人都有责任捡起来？还是应该由那些专门负责相关工作的人捡起来？"有多少行人声称所有人都应该捡起垃圾、保持街道卫生呢？10%？40%？60%？事实上，刚刚对废纸视而不见的行人中，有高达94%的人说，他们认为每个人都应该捡起垃圾。

比克曼的研究表明，在捡垃圾方面，人们精于奥威尔式的双重思维，因此他们能做出与自己的想法完全矛盾的事情。

实验人员想要探索，是否这种行为与想法之间的不一致性同样存在于生活的其他方面。因此他们将注意力转向了一些更重要的议题，比如说道德观。你是不是一个很讲道德的人？你是不是整体来说都会去做对的事情、公平地解决争端、表现得很有公德心？当人们遇到这样的问题时，几乎所有人都会反复勾选"是的，我是这样的人"这一选项。但是，是不是人们也确实会作出符合道德的行为呢？堪萨斯大学的心理学家丹尼尔·巴特森决定找出问题的答案。

声称自己很讲道德的人就会言行一致？或者人们只是喜欢表现得很讲道德，但实际上并不愿意付出相应的代价？巴特森对此非常感兴趣。在其中的一项实验中，他先让一组实验参与者回答了几个相关问题、衡量自己的道德指数。他们是否相信存在一个公正的世界？整体说来，他们是否总是去做正确的事情？他们自私吗，还是很关心别人的利益？

即使是对那些像道德感一样重要的、根深蒂固的东西，我们的行为也不一定会符合我们的想法。通过以上想法与行为不一致现象的分析，我们知道，这种情况普遍地存在于生活中。有些可能没产生多大的坏处，有些则对我们有着不利的影响。

那么，这种现象为什么会产生呢？我以为想法与行为不能取得一致，在于人们认识上的欠缺。这就给出了我们解决思行不一的第一个方法，那就是补充知识。一个人如果无法认识到自己思行不一的存在，可能就会有较少的机会对自己进行改善。知识的不断学习，可以让一个人能够更加拥有"自知之明"，会更容易让自己的行为符合自己本来的想法，而不会是"想一套，做一套"了。

此外，想法与行为不能取得一致的另一种情况，缘于人性的弱点，缺乏执行力是导致想法流产的最主要原因。懒惰、马虎、嫉妒、恐惧、贪婪等，人的一切负面特性，都会使人的执行力大打折扣。提高执行力，便是改善这种情况的唯一方法。这便要求向人的一切负面特性开战，不断地对自己提高要求。

于是，我们可能就会问，如果让想法与行为取得一致，会产生相应的好处吗？答案是肯定的。

一个想法与行为取得较高一致性的人，有着更大的个人魅力。个人魅力的一个解释便是一致性、表里一致。一个具备一致性的人，无论从内在还是外表看起来，都给人一种和谐、平衡、协调的感觉。一个具备一致性的人，其举止、言语、思想、行为，甚至包括其所使用的物品、居住的环境、从事的职业，都给人一种美的享受，都让人觉出一种"绅士"风范。我们知道，历史上能够"留名千古"的人大多是具有一致性的人，正是他们的思行一致、表里如一才让人们把他们记住，并不断传扬下去。

想法与行为取得一致性的人，会产生超人的力量，更容易取得成功。我们知道，群体性的人类活动，就是因为有了和谐和平衡，才创造了世界的文明和缤纷，才演绎出日常所见的美和随处可触的妙。一致性能够让人的身、心取得一致，从而让一个人更有力量，自然更容易让他在事业或是生活中有所斩获。

推而广之，在群体中取得了一致性，也会让这个群体更有感染力和号召力，更有凝聚力和创造力，更易创造财富和产生奇迹。一个民族、一个国家能够在想法与行为上取得一致，就会更有效率地组织社会资源，更有效率地创造社会财富，任何一个国家的崛起或是复兴，无不佐证这一点。

对整个世界而言，减少敌对，增进友谊，在思行一致上达到更高的契合，就意味更多的和平和更好的发展。整个人类困境的解决，本身就依赖于整个人类社会在取得一致性上的不断突破和改善。

走一条和别人不一样的路

改变一下思维，你就会发现与众不同的世界，从而走出孤陋的圈子。当你主动要求改变自我时，其实你就是走在了寻找正能量的轨道上，这表明你跟上了事物发展的步伐。

我们很多人都在走别人走过或正在走着的路，对此外的路有一种本能的害怕。走一条别人没走过的路，要探索，要冒险，而且可能招致失败。大多数人不愿意承担风险，只求稳当，于是只愿意跟着别人走，走别人甚至世世代代的人走过的路。这样安稳倒是安稳了，但大的成就永远都不属于他们。

纵观历史上的伟人们，他们哪一个不是走出了定式思维的桎梏呢？要取得伟岸的成就，就要做与众不同的自己。要敢为人先，不必和别人走一样的路。

有这样一幅画，上面有一群鱼，大部分鱼都往一个方向游，只有一条鱼是往相反的方向。这幅画的题目是"换个方向，你就是第一"。

是啊，当别人都在朝一个方向努力的时候，如果你能够独辟蹊径，找到新的蓝海，那么你自然在另外的领域成为领头雁。

一个新的思路，可以让你利用别人的钱赚钱；一个新的招数，可以让你出奇制胜，由穷人变为富翁。在激烈的市场竞争中，企业要想迅速崛起，需要寻找属于自己的新天地；在同样激烈的社会竞争中，个人想要获得最佳的发展，也需要打破常规寻找属于自己的蓝海。

人的思维，有了不起的能量。任何创新的成果，都是思考的馈赠。人世间最美妙绝伦的，就是思维的花朵。思索是才能的"钻机"，思考是创造的前提。因此，潜心思考总是为成功之士所钟情。

"书读得多而不加思考，你就会觉得你知道的很多，而当你读书而思考得越多的时候，你就会清楚地看到你知道得还很少。"这是哲学家伏尔泰的体悟。

将一半时间用于思索，一半时间用于行动，无疑是人才的成功之道。不懂得运用思索这一"才能的钻机"的人，是难以开掘出丰富的智慧矿藏的；不善于思考的人，就不能举一反三，触类旁通，享受创新的乐趣。赢得一切、拥抱成功的关键，则在于你能不能积极地思考，持续地思考，科学地思考。

在工作中，要战胜困难，达到理想的效果，深思熟虑是不可缺少的条件。在科学、艺术创造中，在规划方案、产品设计、经营运筹中，在理论体系的构筑中，思考具有不可替代的功能。

科学思维是人的特有能力。思维具有广阔性、深刻性、独立性、灵活性、敏捷性、批判性等内在品格，在认识世界的过程中起重要作用，在改造世界的进程中更有不容忽视的作用。思维是科学艺术创造之母。思维的结晶——"金点子"——能救活一个企业，振兴一个国家。它是塑造大千世界的神奇刻刀，是改天换地的伟大杠杆。

世界上一切革新、发明、创意、主张，都是思维的产物。科学的思考，创造了五彩斑斓的世界，推进了文明的演进。

创新不需要天才。创新只在于找出新的改进方法。任何事情的成功，都是因为能找到把事情做得更好的方法。

有志者事竟成，这是创新思维的根本。而传统的想法则是创新成功计划的头号敌人。传统的想法会冻结你的心灵，阻碍你的进步，干扰你发展自己真正需要的创造性能力。

以下是发展创新思维的方法：

（1）要乐于接受各种创意。要丢弃"不可行"，"办不到"，"没有用"，"那很愚蠢"等思想束缚。

（2）要有实验精神。废除固定的例行事务，去寻找新的餐馆、新的书籍、新的戏院以及新的朋友，或是采取跟以前不同的上班路线，或过一个与往年不同的假期，或在这个周末做一件与以前不同的事情等。

（3）要主动前进，而不是后退。成功的人喜欢问："怎样才能做得更好？"

（4）要明白进步一点，就是一种收获。最大的成功都是保留给具有我能把事情做得更好的态度的人。

（5）要迎合消费者的喜好。

（6）要把握投资良机。

（7）创意是思想的果实，但是只有适当的管理彻底实行之后才有价值。

（8）不要让创意平白飞掉，要随时记下来。

（9）继续培养及完善你的创意。

（10）每一个灵感都是新构思。

（11）不要轻易放过偶然的现象。

（12）千万别小看自己无意中的主意。

用创造性思维打破困局

人的创造性思维是改变世界的决定性力量，历史上的任何一种发展和进步无不与这充满正能量的思维方式有关其所具力量之凶悍足以让所有的人都瞠目结舌。

传统的思维是复制性思维，即在思考问题时以过去遇到的相似问题为基础。对于一般人，遇到新问题时，常会与以往的经验相比较：以前我学到的知识是如何教我解决此问题的?而后即选出以经验为基础的解决该问题的方法,并沿着确定的方向去解决问题。因为有经验奠基,故我们对这种方法的可靠性坚信不移,形成定势,也不愿探索其他更佳的方法。这种思维方式常易导致思想僵化。若你永远按照惯常的思路去思考,你得到的永远是原有的东西。所以,想别人不敢想的,你已经成功了一半。也就是说,只有用创造性思维才能打破困局。

什么人最善用创造性思维打破困局?那就是创造型英才。他们遇到问题时,常会思考:能有多少种方式分析、解决这一问题?怎样反思这些方法?他们会对解决某问题提出多种思路,多种实施方案,有些方法则是以往未出现过的,独辟蹊径的。诺贝尔奖得主理查德·费因曼每遇到难题时,总会萌发出新的思考方法。他认为不理会以往思想家们如何思考问题,而是创造出新的思考方法,是自己成为天才的奥秘。

创造型人才,善于进行独创性的思维组合,思考问题都是多视角的,他们往往容易发现别人没有涉及过的新角度。此外,创造型英才还有一种特殊的性格,即善于将不同对象放在一起加以比较。善于在似乎没有关联的事物间建立起联系,他们也发现了别人所看不到的东西。同时,他们还有很强的从对立的角度思索问题的能力。物理学家、哲学家戴维·博姆指出:"天才之所以能够提出各种不同的见解,因为他们可以容纳相对立的观点,或两种互不相容的观点。"玻尔认为:"对立的思想纠结缠绕为新观点的奔涌而出创造了条件",能使"智力活跃起来并创造出一种新的思维方式"。

只活了41岁的奥地利小说家弗兰茨·卡夫卡,是现代派文学的最有影响的人物。这位现代艺术的探险者虽天年短暂,而不朽的灵魂却附着在他的作品中自由潇洒地长驻人间。导致他获得成功的原因固然众多,不过,他对"每个人都生活在自身携带的栅栏内"的醒悟,以及为跨越这种"栅栏"所采取的狂放无羁的艺术思维方式,不能不说是他成功地拿到"放在最高处的桂冠"的重要缘由之一。

从青少年时代起,警惕自囚于这种"自身携带的栅栏",并及时地从中走出来,实在是一种可贵的警悟。与生俱来的独一无二的创造自由态度,勇于进取，决不自损、自贬，在学习生活中勇于独立思考，在日常生活中善于注入创意，在职业生活中精于自主创新，正是能够从自我囚禁的"栅栏"里走出来的鲜明标志。

形成创造力自囚的"栅栏"，通常有其内在的原因，是由于思维的知觉性障碍、判断力障碍以及常规思维的惯性障碍所导致的。知觉是接受信息的通道，感、知觉的领域狭窄，通道自然受阻，创造力也就无从激发。这条通道要保持通畅，才能使信息流丰盈、多样，使新信息、新知识的获得成为可能。

判断性障碍大多产生于心理偏见和观念偏离。要使判断恢复客观，首先需要矫正心理视觉，使之采取开放的态度，注意事物自身的特性而不囿于固有的见解或观念。这在新事物迅猛增殖、新知识快速增加的当今时代，尤其值得重视。

常规思维的惯性，又可称之为"思维定势"，这是一种人人皆有的思维状态。当它在支配常态生活时，还似乎有某种"习惯成自然"的便利，所以不好说它的作用全不好；但是，当面对创新的事物时，如若仍受其约束，就会形成对创造力的障碍。注意培养"质疑能力"，控制"思维定势"的影响范围，是克服"思维定势"负面影响的关键。

可见，要从自囚的"栅栏"走出来，还创造力以自由，首先就要还思维状态以自由。在此基础上，对日常生活保持开放的、积极的心态，对创新世界的人与事，持平视的、平等的姿态，对创造活动，持成败皆为收获、过程才最重要的精神状态，这样，我们将有望形成十分有利于创新生涯的心理品质，并使得有可能产生的形形色色的内在消极因素，及时地得以克服。

梦想可以激发人的无限潜能

梦想、抱负、志向是人们极为重要的心理品格。一个追求理想的人，在最悲伤的时刻，不能忘记信念；最幸福的时候，不能忘记人生的坎坷。他总是希望着攀登绝顶，领略顶峰的无限风光。

梦想的力量有多大？它能激发人的无限潜能，让梦想成真，这种力量是超自然力的。

在你渴望成功的心中，梦想着前程充满光明和希望，期待着好梦成真。梦想和期待，就激发了一种力量。梦想给了你期待更好、更高的积极的态度，期待着成家立业、安享尊荣，期待着在社会中出人头地，崭露头角。正是这种梦想与期待，不断地促使着人们进步。

人类的梦想就是一种祷告，它激发了人类内心深处渴望成功的勇气和力量，假如你心中有了梦想，那么，就请在心底虔诚地祷告。并坚韧地、一贯地去实现它。

梦想总有一天会扶助你走向成功！回顾人类发展的每一个历史阶段，我们可以发现：人类每一个进步，最初都源于人类自身的梦想。同样，许多成功人士的经历也表明，他们在成功之前都有他们为之奋斗的梦想。梦想激励人们去努力、去奋斗，推动人们不畏艰难、坚忍不拔地追求成功。梦想是我们成功的原始动力。

对世界最有贡献、最有价值的人，就是那些目光远大，且有先见之明的梦想者。他们能运用智力和知识，来为人类造福，把那些目光短浅、深受

正能量
用信念改变自己

束缚和陷于迷信的人解救出来。有先见之明的梦想者，还能把常人看来做不到的事情一一变为现实。有人说，想象力这东西，对于艺术家、音乐家和诗人大有用处，但在实际生活中，它的位置并没有那样的显赫。但事实告诉我们：凡是成功者都做过梦想者。不论工业界的巨头、商业的领袖，都是具有伟大的梦想、并持以坚定的信心、付出努力奋斗的人。

马可尼发明无线电，是惊人梦想的实现。这个惊人梦想的实现，使得航行在惊涛骇浪中的船只一旦遭受到灾祸，便可利用无线电，发出求救信号，由此拯救人的生命。

电报在没有被发明之前，也被认为是人类的梦想，但莫尔斯竟使这梦想得以实现了，电报一旦发明，世界各地消息的传递，从此变得是多么的便利。

斯蒂芬孙原先是一个贫穷的矿工，但他制造火车机车的梦想也变成了现实，使人类的交通工具大为改观，人类的运输能力也得以空前地提高。

人类所具有的种种力量中，最神奇的莫过于有梦想的能力。如果我们相信明天更美好，就不必计较今天所受的痛苦。有伟大梦想的人，即使受到千难万险，也不能挡住他前进的脚步。

世界上，平庸的人太多；也有同样多的人，认为世间尽管有着种种幸福，以及成功的喜悦、种种高级的物质享受，不是为他们所有的。你在骑自行车上班吗？不梦想有一天开自己的汽车上班吗？你在为走过饭店囊中羞涩望而却步吗？不梦想有一天你坐在星级酒店里潇洒地买单吗？如果你固执地认为，这世间，这样那样的享受不是你能企及的；如果你连梦想那种成功的喜悦的念头都不曾有，或已失去，你这辈子，就肯定与成功无缘了。

失去梦想和期待，失去积极的心态，将是灾难性的。所以，你必须否定现在的状况，记住世界上有许多东西是应该属于你的。只要你还梦想着拥有你羡慕的一切，就会有这样的希望：有一天，你回首往事，你会为当初的梦想而欣喜，你会为自己的成功而骄傲，你让梦想成真了。假如你老是志趣卑微、自甘低下，那你直到老死，也还是卑微。

但是，仅有梦想还是不够的，有了梦想，同时还须有实现梦想的坚强毅力和决心。如果徒有梦想，而不能拿出力量来实现愿望，这也是不足取的。只有那实际的梦想——梦想的同时辅之以艰苦的劳作、不断的努力，那梦想才有巨大的价值。

人不仅要有梦想，还要信仰梦想，更要激励自己去实现梦想。人人具有向上的志向，志向就会像一枚指南针，指引人们走上光明之路。

别让"标准答案"束缚你

"标准答案"体现了思维的固化，也是一个人懒散的标志。在今天这个时代，跳出"标准答案"的束缚，才会跟随社会发展的脚步前进。

为什么当我们刚接触到时深受吸引且努力学习的技巧或方法，一旦拿到现实生活中，就失去它的神奇力量了呢？是因为你直线式的思维阻碍了你的创造力与灵感。

过去我们所受的教育，都使我们习惯于"直线式的思考"。直线，或许可以说是以"A→B→C→D→E"的顺序依次并列排下去的逻辑。而我们认为，能迅速查知其联系，推出其顺序的人，就是聪明的人。

请看一看我们长久以来使用的笔记簿，上面都有一些直直的线条。我们顺着这些线条来书写一些东西。而所谓顺着线条，意味着我们循着直线书写，沿着线条进行思考。其结果是，我们人类创出了所谓的"线条文化"。所谓的线条文化，就是重视直线思考的文化。直线思考，也就意味着"线条式的思考"。

我们长久以来惯用的线条式思考方式，在不知不觉间束缚了我们。我们的头脑的构造，本来并不是直线型的，尤有甚者的是，我们生活的这个世界本身，也不是直线的。我们眼睛所见的世界，甚至没有一样东西，可以称得上是直线的。

没有人规定我们看一件东西或观察一件事物，要先从哪儿看起，再看到哪里，最后在哪儿终结。我们经常是从自己想看的部分、自己有兴趣的部分看起，或是以一种在瞬间掌握整体的方式，来运用我们的视觉。

人的大脑，最善于进行非直线的"视觉观察"。由于我们的努力，花费极长的教育时间，来教导这种适于进行非直线式思考的大脑，去进行直线式的思考与观察。因此在思考过程中经常有阻碍产生，甚至有许多人始终无法适应，也是理所当然的。而我们却始终认为那种思考无法直线化的人，是不合乎时代潮流的应被淘汰者。这是怎样的一种错误！

直线式思考是与创造性的思考最无缘的。因为直线会束缚我们天马行空的灵感，使我们的思考受拘泥、被定型、被局限。对一件事我们应该是有各个角度的不同看法。然而因为固有的知识，使我们将自己的观察角度，局限在一点上，而失去了许多其他的看法与观点。

只知道一些事情，反而使我们看不清事物的实体，更不要说思考，如果去发现新的观点与角度的话，则知道得愈多，反而愈受拘束。创造跳出直线式思考范畴的秘诀在视觉式的思考。我们只要把直线式的思考方式，改换成人类一向最擅长的"视觉思考""空间思考"即可。

要发现任何新的事物，首先必须"观察"。经由全面性的观察，可使事物逐渐清晰、明朗。但此时观察所用的工具，必须要以非直线化的工具为前提。

在地球上所有的生物中，只有人类具有思考、分析、储存大量的知识、发展智慧、评估、将知识做各种组合的能力。但科学家告诉我们，像爱因斯坦、苏格拉底和爱迪生这样的天才，他们只用了不到10%的脑力。

以下教给你几种发展脑力的方法：

（1）使你的思想清明。把所有不确定的和自我失败的思想，从你的思想中过滤掉。

（2）警觉训练。你的思想会因训练而成长，使你的"思维雷达"不断工作。

（3）培养你的理解力，让自己去做一些新的组合游戏。

（4）"喂饱"你的思想。读、听和观察一切事情，要确定你的脑子一直有东西在输入。

（5）培养好奇心。对你不懂的事提出问题来，发展你的想象力。

（6）组织你的思想。实践你已知道的事，发现你所不知道的事。

（7）要有开放的心，绝不视任何主意为无用。倾听跟你不同观点的人，任何人都有东西让你去学。

（8）客观地实践，永远肯去查明一个跟你不同的意见。

（9）训练你的思想来为你工作。让你的脑子做你要它做的事，而且当你要它做的时候才做。

（10）培养常识，真正的智慧是学以致用。

想象力永远不会枯竭

人的想象力是一种奇妙并且具有改变和创造的力量，想象力的形成源于梦想与某种环境反射的结合，想象具有积极的力量，想象力丰富的人梦想成真的机会更多。

我们能不能完成艰难的任务，并不是仅决定于一般人所相信的"意志力"，而是决定于想象力。"创造性地想象"并不只限于诗人、哲学家或发明家才有，我们在每一个行动里皆可发现它。

一个人的反应、感觉和行动，永远遵循着他对自身与环境的想象而进行。这是心灵的一种基本原则，也是我们赖以生存的因素。

人们对自身的看法或心理意象，要是变得不合实际，对环境的反应也会随之变得不恰当。而我们的行动与感觉，并不依照事情实际上的样子而产生，而是依照心里认为它们是什么样子而产生。对自己、自身的环境与周围的人，你有某种心理意象，你也根据你"自认为"实在的这些意象去行动，而不是根据实际的现实行动。

明白了自身的行动、感觉与举止，是自我意象与信仰所产生的结果；而要获得技能、成功和幸福，必须经由个人心理的门槛。利用心理的想象，可使我们"培养"新的优点与态度，其他任何方法都行不通。

因此，在改变个性中我们可以充分运用想象这个法宝来为我们创造经历、体验，建立和扩大自我意象。而只要我们活着，想象力便永远不会枯竭。

拿破仑有一次说道："想象力可以统治整个世界。"格林·克拉克也说过："人类所有的天赋中，最接近神的就是想象力。"杰出的苏格兰哲学家杜格·斯图沃德认为："想象力这种天赋，是人类活动的最大源泉，也是人类进步的主要动力……毁坏了这种天赋，人类将停滞在野蛮的状况中。"而亨利·凯撒是如此说的："你可以想象你的将来。"这些人一生事业的辉煌成就，应当归功于他们能建设性地、积极地、妥善而恰当地利用他们的创造性想象力。

自古以来，成功的伟人都是利用心理图像或预期来获得成功的。拿破仑尚未参加实际的战争之前，曾经在想象中进行军事演习多年。韦伯和摩尔根在他们所著的《充分创造人生》一书里说，拿破仑在他读书的几年中所做的笔记达400页之多，他将自己想象成一位司令，画出科西加岛的军事图，以精确的数学计算，标出他布防的各种可能情况。

闷闷不乐的失败型个性者，没有办法靠纯粹意志力或者勉强的决心去发展新的自我意象。他必须先要有根据和理由去承认以往的旧自我意象的错误，并发展合适、恰当的新意象。但是除非这种新的意象是有事实根据的，否则只凭想象，是无法建立起新的自我意象的。经验告诉我们，当一个人改变自我意象时，他必须有某一种理由，说他看到并了解到自身的状况。

假如你是被指引着走向成功与幸福之路，那么你往日那幅不敢奢望幸福或注定要失败的画像，就是错误的。

要想真正地生活，你必须有一个适合的、恰当的、实际的、能够伴随你生活的自我意象，用以创造合理满意的生活。一般心理学家都认为，大部分的人都低估了自己，而且不愿意加以改变，这样就贬低和委屈了自己。你必须能接受你自己、你必须有健全的自尊、你必须信任自己、你必须有不以为耻的自我。对于能随心所欲表达创造的自我，不要把它深藏、压抑。你必须有与现实相吻合的自我，以求在实际世界上有效地发挥功能。你还必须认识自己——包括你的力量、你的弱点。你的自我意象必须合理地接近你本人。

让我们每一个人都看看真正的自我，认识和相信这个真正的自我。我们要认清改变的可能性，相信改变过程中的自我。过去的无价值和失败的观念，必须摒弃。因为那些观念是错误的，而我们不应该相信错误。

想象是存在着的力量，是一种最奇妙而且活动着的力量，也是存在于宇宙之中最不可抗拒的力量。它就是拥有力量的广大无边之心。当我们想象时，就会对心灵深处发生作用，这时候从心底就会引发反作用，从而产生外在的复杂的效应。这种作用当然是无限大的。所以当人的想象在心灵深处作用时，就可以把不可能变为可能。想象可以靠着心底的作用，使事情的结局如己所愿，运势被打开。

这样，最后自己的梦想就会成真。也就是说，想象并不是抽象的东西，也不是不可捉摸、虚无飘渺的东西。

创意是世界上最伟大的力量

创意是一种突破，是对旧有的种种模式的重新整合，是对多种思维方式综合运用的结果。它的积极意义在于，它是创新的前奏，没有创意，人的潜意识就得不到萌发，也很难产生灵感，创意是人类的优点。

习惯思维即常规思维在处理日常学习、生活问题上是很有益的，但是倘若我们满足于这样的思维定势，而不进行逆向的、非常规的思维，那么我们的社会将会停滞不前，科学与文化艺术也永不会再有新的进步。

可见，人类是具备而且必须具备创意能力的，对我们每一个人来说要想在学习工作中取得成绩，就应当有意识地培养和发现自己的创意思维。创意是世界上最伟大的力量，它会带给你意想不到的奇迹，成就你的一生。

创意，简而言之，就是有创造性的想法、构思等，或提出有创造性的想法、构思等。"创"即创新、创作、创造等，能极大地促进社会经济的发展。"意"即意识、观念、智慧、思维，是人类最大的财富。而大脑则是打开这些意识的金钥匙。

研究表明，创意起源于人类的创造力、技能和才华，创意来源于社会又指导着社会发展。人类是创意、创新的产物。类人猿首先想到了造石器，然后才动手动脚把石器造出来，而石器一旦造出来类人猿就变成了人。人类是在创意、创新中诞生的，也要在创意、创新中发展。

从人类诞生开始，"创意"也就开始左右着人类的发展，那个时候没有"创意"两字，人类每一次的发明、创造都是在一定的环境、压力、生存下进行的……面对自然界，人类应付突临灾害最原始也是唯一的办法，只有像其他动物一样，用疯狂奔逃来躲避。

语言的创意让人类变成了高级动物——直到人类发明、制造、运用了工具。并在这个开拓性技术过程中深化了思考，驾驭了语言，才与动物们有了质的区别。

创意与一般性思维相比，它具有以下几个方面的特点：

第一，具有新颖性，它贵在创新，或者在思路的选择上、或者在思考的技巧上、或者在思维的结论上，具有着前无古人的独到之处，在前人、常人的基础上有新的见解、新的发现、新的突破，从而具有一定范围内的首创性、开拓性。

第二，具有极大的灵活性。它无现成的思维方法、程序可循，人可以自由地海阔天空地发挥想象力。

第三，具有艺术性和非拟化的特点，它的对象多属"自在之物"，而不是"为我之物"，其思维的结果存在着两种以上的可能性。

第四，具有着十分重要的作用和意义。首先，它可以不断增加人类知识的总量；其次，它可以不断提高人类的认识能力；再次，它可以为实践活动开辟新的局面。此外，它还可以反馈激励人们去进一步进行创造性思维。

创意是一种具有开创意义的思维活动，即开拓人类认识新领域、开创人类认识新成果的思维活动。它需要人们付出艰苦的脑力劳动。一项创意思维成果的取得，往往要经过长期的探索、刻苦的钻研、甚至多次的挫折之后才能取得。

一个日常勤于思维的人，就易于进入创意的状态，就易激活潜意识，从而产生灵感。创新者在平时就要善于从小事做起，进行思维训练，不断提出新的构想，使思维具有连贯性，保持活跃的态势。

托马斯·爱迪生一生拥有1039项专利，这个纪录迄今仍无人打破。他就是给自己和助手确立了创新的定额，每10天有一项小发明，每半年有一项大发明。有一次他无意中将一根绳子在手上绕来绕去，便由此想起可否用这种方法缠绕碳丝。

如果没有思维的连贯性，没有良好的思维态势，是不会有如此灵敏的反应的。可见，只有勤于思维才能善于思维，才能及时捕捉住具有突破性思维的灵感。

二　性格正能量
唤醒能量巨人，人生无所畏惧 <<<<<<<<

　　有两种人绝对不会成大器，一种是除非别人要他做，否则绝不会主动做事的人；另一种则是即使别人要他做，也做不好事情的人。那些不需要别人催促，就会主动去做应做的事，而且不会半途而废的人必将成功。

　　一个人的性格固然有其一定的天分，但也不是不可以改变的。从某种意义上说，后天的因素更为重要。要改变性格，就要改变自己，如果你只是去埋怨别人是毫无用处的。正所谓，播下一个行动，收获一种习惯；播下一个习惯，收获一种性格；播下一种性格，收获一种命运。

——引自卡耐基《人性的弱点》

性格决定命运

一个良好的性格，不仅能够使你拥有好的人际关系，更能够在你成功的道路上，助你一臂之力。生活中，时刻提醒自己培养良好性格，良好性格的形成，你就会觉得自己越来越自由了。

无论是在工作和生活中，都是性格决定命运，性格好比是水泥柱子中的钢筋铁骨，而知识和学问则是浇筑的混凝土。思维决定行为，行为决定习惯，习惯决定性格，性格决定命运。

性格决定着一个人的交际关系、婚姻选择、生活状态、职业取向以及创业成败等，从而基本上决定着一个人的命运。因此，成功与失败无一不与性格有着密切的关联，性格决定着人的一生是悲剧、平庸，还是建功立业、身世显赫。

我的好朋友西蒙金说过一句非常有道理的话：心理变，态度亦变；态度变，行为亦变；行为变，习惯亦变；习惯变，人格亦变；人格变，命运亦变。

心理学一般把性格定义为：性格是在生活过程中形成的对现实的稳定态度以及与之相适应的习惯化的行为方式。我们每个人的性格形成都经历了日积月累的过程，没有谁的性格是与生俱来的。良好性格的形成和改变，是一个逐渐的过程，不能操之过急。应该从大处着眼，小处着手，从行为中养成习惯，从习惯中巩固出性格。忽视平时良好习惯的养成而想拥有良好的性格，无异于在空中建造楼阁。

一个人的成功，离不开良好的性格。没有伟大的性格，就没有伟大的人，甚至没有伟大的艺术家，伟大的行动者。你能播下一种性格，就将收获一种命运。

成也性格，败也性格。好性格成就你的一生，坏性格毁掉你的一生，每个人的命运都是由自己的性格决定。

当你陷入人为困境时，不要抱怨，你只能默默地吸取教训，没有谁的命运是一帆风顺的。一年有春夏秋冬四季之分，人生也是如此，有高峰，也有低谷。你要悄悄地振作起来，以期重新奋起。

其实，人是一条鱼，社会是一缸水，如果我们是一条热带鱼的话，那么我们就必须要降低自己的体温而不是希望水升温。生存是在有一定的素质后来适应社会，现在让你低头你低不了，你就过不去，所以，一个有目标的人，在坚持内心准则的情况下还要学会忍耐甚至是忍辱。

社会充满不公平现象。你先不要想去改造它，只能先适应它。世界不会在意你的自尊，人们看的只是你的成就。在你没有成就以前，切勿过分强调自尊。永远不要在背后批评别人，尤其不能批评你的老板无知、刻薄和无能。因为这样的心态，会使你走上坎坷艰难的成长之路。

顺应自身的性格，你就能找到成功的道路；逆着自己的性格，你将与成功绝缘。一个人有属于自己的性格，每种性格都有其擅长的职业。无论哪一种性格，你都应接受它并发挥自己的天性，才能肩负起上苍所赋予的使命，才能开启通往成功的大门。

由此看来，古今中外，性格左右着人的一生。

为了自己的命运，培养自己良好的性格来增加自己的性格正能量，这不仅造福自己，也造福别人！路是自己走的，历史是自己写的。想要什么命运，全看自己的思维行为习惯性格。

一个人的成功，有时并不是因为能力有多强，而是由于性格的优势；一个人的失败，往往并不是因为能力有多差，而是由于性格的缺陷。性格决定命运，决定人生成败，掌握自己命运的人一定是具有优势性格的人。

人的每一种性格类型都有它的优缺点，每一个人都应该充分了解自己性格的优势和弱势，努力做到扬长避短和取长补短。

不要被别人的看法左右

不要为别人而活,不要被教条所限,不要活在别人的观念里,不要让别人的意见左右自己内心的声音。最重要的是,勇敢地去追随自己的心灵和直觉,只有自己的心灵和直觉才知道你自己的真实想法,其他一切都是次要的。

在我们的生活中,每个人都应该有自己独特的生活方式,谁也不能左右得了你,所以,当别人对你有看法的时候不要刻意的去在乎,因为根本没有用,只要你自己觉得自己够好就行了。

不必过分在乎别人对你的看法,这种多心只能使你步入不幸之途。只要记住,你只是你就足够了!然而,有时也应表现得比真正的你好一点。

一位年轻作家初到纽约,马克·吐温请他吃饭,陪客有30多人,都是本地的达官显贵。临入席的时候,那位作家越想越害怕,浑身都发起抖来。

"你哪里不舒服吗?"马克·吐温问。

"我怕得要死。"这位年轻作家说,"我知道,他们一定会请我发言,可是我实在不知该说什么,一想起可能要在他们面前丢丑,我就心神不宁。"

"呵呵,你不用害怕,我只想告诉你——他们可能要请你讲话,但任何人都不指望你有什么惊人的言论。"

马克·吐温的话对很多年轻人来说都是适用的。对于年轻人来说,由于一直渴望充分展示才情,当机会突然降临在他们面前的时候,很多人都会一下子变得手足无措。第一次演讲、第一次独立做事、第一次被领导委派任务，你可能会紧张得一夜都睡不好觉。这时，你一定要明白，你周围的人都有自己的事要做，他们没有那么多时间把注意力完全集中到你身上，他们还是把你当成一个普通人来看待，并不期望你能干出多么惊天动地的大事，你只要和别人一样，按部就班地做了、说了，就算圆满完成任务了。

有人也许会说，好不容易出现了机会，为什么不借此一鸣惊人呢？其实，在这个越来越理智和多元的时代，一个人的优点要通过很长的时间、经过一系列事件才能展示出来，一亮相就能获得满堂喝彩的日子只会出现在戏剧中。相反，初出茅庐者过分的标新立异反而容易引起人们的反感。作为年轻人，唯一要做的，就是让人们看到你确实为此做了充分的准备，你有一个很认真的态度，这就足够了。

在匆匆走过的人生路上，我们只是别人眼中的一道风景，对于第一次参与、第一次失败，完全可以一笑了之，不要过多地纠缠于失落的情绪中，你的哭泣只能提醒人们重新注意到你曾经的无能。你笑了，别人也就忘记了。

有句话说："20岁时，我们顾虑别人对我们的想法。40岁时，我们不理会别人对我们的想法。60岁时，我们发现别人根本就没有想到我们。"这并非消极，这是一种人生哲学。那就是：学会看清自己，才能做到轻装上阵，没有任何负担地踏上漫漫征途，你的人生路途才能更加平坦。

有一位哲学家说过：一切的真理，都得经历这样三个阶段，才会为世人接受。第一阶段，觉得可笑而不理会；第二阶段，视为邪说而强烈抗拒；第三阶段，未加思索就欣然接受。所以，一旦你接受了别人的信念，就如神经系统被下了一道魔咒，你的现在和未来，都会受到它的影响。

你个人如果想主宰自己的人生，就必须好好掌握自己的信念。就是在自己的想法和别人的意见之间，有一个坚定的判断。否则，我们很可能会失去自我。

生活中，很多人都太在意自己的感觉了，把自己搞得敏感兮兮的。有些人在路上不小心摔了一跤，惹得路人哈哈大笑，摔跤者在尴尬之下，还会认为全天下的人都在看着自己出丑。但是，若我们将心比心，换位思考一下，就会发现其实这种事只是路人们生活中的一个小插曲而已，甚至于在他们哈哈一笑之后，就早已经抛诸脑后了，只有当事人还执着于心，没能放下。

真正爱你的人，才会把你的一举一动都放在心上，他们会为你的快乐而快乐，为你的悲伤而悲伤。但真正爱你的人，肯定不会嘲笑你的丑态，不会看不起你的缺点，他们只会鼓励和支持你。因此不要在意别人的看法，你只要做到最好就足够了。一个人要坚持自己的个性，不要总是在意别人的看法。在生活中，不要太在乎别人的看法，要坚持自己正确的做法，才是对的。不要太在乎别人的看法，要有主见，做回自己，培养一点潇洒的习惯，不要太在意别人的看法或批评。

很多时候，我们习惯于跟随着别人的意志做事，总是要听听别人的意见才肯作出决定，哪怕是很小的一个决定，也对自己没有信心，常常被别人的看法左右。要知道，每个人都有自己的实际情况，黑格尔的辩证法认为：每一个事物都有它自己的特点，因此我们在对待任何事物时，都要具体问题具体分析，万万不可千篇一律。这对我们的启示就是，不要太在意别人的看法，一定要从自身的实际情况出发，做出对自己有益的正确的决定。

自卑是人生中最大的错误

强者不是天生的，强者也并非没有软弱的时候，强者之所以成为强者，在于他善于战胜自己的软弱，让自己时刻保持自信。成功人士克服自卑的方法就是认识自我，重塑自我，成为自我。

在人生道路上，我们往往为自己树立一个又一个目标，并通过目标的不断实现，使自己更加成功。然而成功的道路不可能是平坦笔直的，在接受成功洗礼的同时，我们更要经受住失败的考验。屡战屡败，丧失信心者，将会一事无成；屡败屡战，善于正确认识和对待失败，从失败中总结经验，看到光明者，才能登上成功的险峰。

自卑是一种不能自主和软弱的复杂情感。有自卑感的人会轻视自己，认为无法赶上别人。我个人认为，自卑情结指：一个人认为自己或自己的环境不如别人的自卑观念为核心的潜意识欲望、情感所组成的一种复杂心理。同时，自卑心理还是一个人由于不能或不愿进行奋斗而形成的文饰作用。

自卑，是一种性格上的缺陷。表现为，对自己的能力、品质评价过低，同时伴有一些特殊的情绪体现，像：害羞、不安、内疚、忧郁、失望等。

对于那些失败者，往往会出现自卑心理，对自我能力、自我素质开始不断怀疑，进而怀疑自己、否定自己，做任何事都缺乏信心。从而陷入了"失败——自卑——失败"的恶性循环之中。

自卑已经成为阻碍一个人成功的"心理魔鬼"。

电灯泡的发明者爱迪生和他的助手为了找到一种合适的材料作灯丝，不屈不挠地进行了八千多次试验。试验初期，他们找了1600种耐热材料，反复进行了近两千次试验，奋战了五六个月，结果只有白金较为适合，但白金比黄金还贵重，怎能用于制造普及的廉价的灯泡呢？这就是说，近两千次的试验失败了。

于是，他又从植物纤维中发掘理想的灯丝材料，先后试了6000多种植物，甚至连马鬃、头发、胡须都不放过，终于发现竹丝炭化后作灯丝很好，能发光1200小时。但他并不满足，派人到世界各地搜集来几千种竹子，进行试验比较，最后确定日本的一种竹子最适用。至此，竹丝灯泡才算正式研制成功。（后来，别人又加以改进，用钨丝做灯丝，一直用到今天。）当试验出现挫折，报纸上的冷嘲热讽劈头盖脸向他袭来时，他尽管感到痛苦和焦虑，脸色变得灰白，鬓角上的青筋在蹦跳，蓬乱的头发披散到脸上，但是他并不被失败的痛苦所压倒，仍然坚信自己的发明必将成功："白炽灯一定能亮起来，这条道儿没走错。"

在长期的科学实验中，他善于从失败中吸取经验教训，从失败中发现成功的因素，看到成功的前景，因而在整个发明过程中始终保持着十足的信心。当电灯试验从初秋进行到初冬，获得的最佳效果只能亮8分钟时，他的助手有点泄气了："唉，又是白费劲儿！"爱迪生却从这些微小的进展中看到了成功的希望，反驳道："怎么白费劲儿？足足亮了8分钟，寿命不是比上一次长了好几倍吗？"爱迪生的辩证观点启发了助手，使助手转愁为喜："对，就像你说的，做一次试验，就有一次收获嘛！""做一次试验，就有一次收获"，这是爱迪生把失败转化为成功的关键。

试想，如果爱迪生经历多次失败后，产生强烈的自卑感，那么该又是谁为我们带来光明。正是得益于爱迪生锲而不舍的精神，才成就了爱迪生的一生。自卑只会让人一事无成，让人徒增失败感，自卑是人生中最大的错误。

病态的自卑感通常隐藏着对自我根深蒂固的怀疑心态，彻底去除这种心态的最大秘诀就是：坚定自己的信仰。对自己的信仰秉持着一种忠诚，时间告诉我们，倘若能在自己心中深植自信的信念，对培养自我的信心将会有莫大的帮助。

一般而言，人们的心中之所以存有不安感或无能感，多半是由于消极的观念长久以来一直支配个人的思想所致。为了克服这种障碍，必须将富有积极意义的观念注入心中。但是必须要注意的是，一定要持之以恒、毫不间断，方能真正地达到目标。

每个人都希望自己在顺境中生活，但坎坷是不可避免的，只是在数量和程度上，每个人不同罢了。其实，我们在感到压力时，压力带来的负面影响往往是由于自己的认知造成的，也许在你认为痛苦难耐、无路可走的时候，稍微改变一下认知，就会看到另外一片景象。

不要过于自负

自负是一种精神与心灵上的盲目。自负者通常以自我为中心，孤傲、自大是他们惯有的常态，自负的人最终会让自己付出惨痛的代价。因此，只有远离自负从孤芳自赏中清醒过来，才能开创人生的辉煌。

荣誉就像玩具，只能玩玩而已，绝不能永远守着它，否则将一事无成。任何优点和美德在本质上都带有一些邪恶和软弱的东西。超越某种界限，它们之间就会发生转化。慷慨经常会转变成挥霍，勤俭会变成贪婪，勇气会变成鲁莽，小心谨慎会变成羞怯，自信变成自负，等等。

人们之所以会受诱惑，一定是因为邪恶最初带着美德的面具。但是，美德本身是非常美好的，人们看到它的第一眼就会对之着迷，从而付出不懈的努力使自己具备越来越多的美德。然而，事物往往过犹不及，凡事都要把握好一个度。将美德控制在一定的范围内，就会让我们受益终生。

自信的人身上充满着活力，对自己的能力有一个正确的判断和把握，不断给自己加油鼓劲；而自负的人对自己的能力估计的过高，在竞争中容易轻视对手，不把对手放在眼里，从而容易招致失败。

自信的人通常是理性的，他们在感性认识的基础上借助思维、判断、推理对失去本质和内部联系的正确认识，继而找到解决问题的正确方法。而自负的人通常是感性的，他们仅仅通过感觉、知觉、表象等认识的基本形式，对事物或形势进行表面性地判断，盲目地、自以为是地相信自己，最后的结果往往与预期的相去甚远，甚或截然相反。

自负应该属于主观唯心主义的范畴,自负的人妄想以自己的思想、意识来影响甚至主宰事物;而自信则属于辩证唯物主义的范畴,自信的人始终坚持物质第一、意识第二,不盲从不臆断,实事求是。因此,自负和自信,在意识形态方面是有着本质差别的。

由此可见,自信是一种良好的品质,而自负却离无知只有一步之遥。人生最可怕的事情就是不能正确看待自己,而一个人要想成功,就必须对自己有适当的了解,有自知之明,能正确认识和评价自己,包括自己的优点、缺点。

经常会有这样一些人,为了展示他们的才华,一旦听到有人谈论别的东西,就言必称古人,似乎古人比人类本身、比现代的东西还要重要。他们从来不会忘记在自己的口袋里放上一两本经典之作,他们死抓住那些古老的东西不放,从来不读现代的"垃圾",还会平静地告诉你,长久以来人类在任何一门艺术和科学方面都没有取得一丁点进步,一切还保持着1700年前的样子。

其实,并不是让你否定那些关于古代的知识,但不要自夸自己对它们有一种排他的情有独钟。谈论现代社会时不要持有偏见,涉及古代时也不要盲目崇拜。给它们一个公正的判断,不要轻易做出评判。如果你碰巧口袋里放了一本埃尔泽菲尔家族出版的经典著作,谈话时不要去提到它,也不要示之于人。

如果你有一定的学识,万万不可随便卖弄。一些以自己的知识为荣的饱学之士只谈论那些造成定论的东西,他们所做的判断一点也不吸引人。

一个人要客观地认识自己,不能孤立,应该把自己放到社会中与其他人做一下对比,如此才能知道自己的能力究竟如何。当然,在进行对比的时候,不能拿自己的优点和别人的缺点做对比,更不能为了突出自己把别人看得一无是处,只有这样才能真实地评价自己。

一匹骆驼应小狗的请求带着它穿过沙漠到森林参加动物跳高比赛。小狗获胜,骆驼失败,小狗因此看不起骆驼,却不知道没有了骆驼,小狗将会又渴又累地倒在沙漠中,真是可悲可叹。

小狗只是看到了自己的优点，而没有看到自己的不足，落得难堪的结局。其实我们每个人都有自己的优势与劣势，既不要因为自己的优势而沾沾自喜，也不要因为劣势而妄自菲薄。我们只要发挥自己的优势，实现人生价值，就是成功的。每个人都各有所长，各有所短，需要我们去挖掘去发挥自己的优势。

每个人走路时，都不会只观望天空而不注意脚下。现实是真实存在的，任何人都不会活在空中楼阁，要面对自己的优势和劣势。过分自信也许是失败的前兆，而劣势就像警钟，敲击你自负的脑袋，提醒你的不足，把你从虚幻的世界拉回到现实中来。

看清自己的优势与劣势，把握优势，发挥它的效力；对于劣势，正视它的存在，以优补劣。只有这样，才能选择最佳的人生航线，最大限度地实现自己的人生价值。

冒险性格让你能量倍增

想要获得成功，就要有冒险精神！冒险，本属于我们生活的一部分，不需刻意地去逃避。过度地畏惧，会造成自己的压抑和缺乏自信心，以致难以尝到成功的喜悦。

做任何一件事，完成任何一种工作都不可能有百分之百的把握。即使在我们的日常生活中，也时常有风险，只是风险几率高低不同罢了。正所谓不冒险，就会无所得。冒险，可能会面临失败，但是却会让我们学到更多的经验，只有在不断地尝试失败中，成功的可能性才会更多。

在非洲的塞伦盖蒂大草原度假时，我曾一连3小时坐在河边，看一小群角马如何鼓起勇气下河饮水。每年夏天，上百万只角马从干旱的塞伦盖蒂北上迁徙到马赛马拉的湿地，这群角马正是大迁徙的一部分成员。

在这艰辛的长途跋涉中，格鲁美地河是唯一的水源。这条河与迁徙路线相交，对角马群来说既是生命的希望，又是死亡的象征。因为角马必须靠喝河水维持生命，但是河水还滋养着其他生命，例如灌木、大树和两岸的青草，而灌木丛还是猛兽藏身的理想场所。冒着炎炎烈日，焦渴的角马群终于来到河边，狮子突然冲出，将角马扑倒在地。涌动的角马群扬起遮天的尘土，挡住了离狮子最近的那些角马的视线，一场杀戮在所难免。

在河流缓慢的地方，又有许多鳄鱼藏在水下，静等角马到来。一天我看到28条鳄鱼一同享用一头不幸的角马。另一天，一头角马跛着一条腿，遍体鳞伤地从鳄鱼口中逃生。有时湍急的河水本身就是一种危险。角马群巨大的冲击力将领头的角马挤入激流，或是淹死，或是丧生于鳄鱼之口。

这天，角马们来到一处适于饮水的河边，它们似乎对这些可怕的危险了如指掌。领头的角马磨磨蹭蹭地走向河岸，每头角马都犹犹豫豫地走几步，嗅一嗅，嘶叫一声，不约而同地又退回来，进进退退像跳舞一般。它们身后的角马群闻到了水的气息，一齐向前挤来，慢慢将"头马"们挤向水中，不管它们是否情愿。如果角马群已经有很长时间没饮过水，你甚至能感觉到它们的绝望，然而舞蹈仍然继续着。

终于有一只小角马"脱群而出"，开始痛饮河水。为什么它敢于走入水中，是因为年幼无知，还是因为渴得受不了？那些大角马仍然惊恐地止步不前，直到角马群将它们挤到水里，才有一些角马喝起水来。不久，汹涌的角马群将一头角马挤到了深水处，它恐慌起来，进而引发了角马群的一阵骚乱。然后它们迅速地从河中退出，回到迁徙的路上。只有那些勇敢地站在最前面的角马才喝到了水，大部分角马或是由于害怕，或是无法挤出重围，只得继续忍受干渴。每天两次，角马群来到河边，一遍又一遍重复着这一仪式。一天下午，我看到一小群角马站在悬崖上俯视着下面的河水，向上游走出100米就是平地，它们从那里很容易到达河边。但是它们宁可站在悬崖上痛苦地鸣叫，却不肯向前。

　　生活中的你是否也像角马一样？是什么让你藏在人群之中，忍受着对成功之水的渴望？是对未知的恐惧，害怕潜藏的危险？还是你安于庸常的生活，放弃了追求？大多数人只肯远远地看着别人痛饮成功之水，自己却忍受干渴的煎熬。不要让恐惧阻挡你的前进，不要等待别人推动你前进，你必须行动起来，只有勇于冒险的人才可能成功。

　　风险可能会导致失败，甚至还可能会因风险丢掉性命。但如果能够化险为夷，那么你获得的回报率将远远比不冒险做事所取得的回报率高得多。瑞典化学家诺贝尔为了完成科学发明，一生都在死神的威胁下，冒着生命危险去研究烈性炸药。

　　成功与冒险，有着不可分割的天然联系。成功的本身意义就代表着能战胜种种困难，过关斩将，打破以往的旧格局，从而达到自己目标的整个过程。然而，这个过程中不免掺杂着几丝风险的气息，没有杀出一条血路的勇气，没有一股冒险精神，最终必然不能收获成功。

　　在竞争激烈的今天，有的人总担心失败，他们总会找出很多合理化的理由，来使自己不去冒险，躲在自己认为最安全的地方，最后，终是一事无成。还有的人在面对自己的梦想时，总是害怕困难，害怕麻烦，便将一些很有意义的事，推给了别人，自己只是做一些无足轻重的事，但当别人成功后，他们又开始后悔，后悔当初没有坚定自己的信念。然而，世上没有后悔药，他们的结果只有一种，那就是成为失败者。

　　美国有一句谚语："勇气喜欢跟利益联姻。"美国人的冒险精神，由此可见一斑。崇尚"风险越大收益的绝对值越大"的经济学原理，在商业经营中喜欢冒险获取利润，是美国人的特点，也成就了他们创新制胜的商业文化。没有冒险，巨大的成功来得总是太慢，利润越高风险越大。因此，大凡成功者都有某种程度的赌性。

发挥自己的内向者优势

无论是性格内向还是性格外向的人,都有伟大的思想家、哲学家和音乐家,人体本身产生出的正能量不以任何性格为载体,只以思维活动有关,也就是说,无论哪一种性格,只要以积极的心态去思想,都是一种好性格。

你是内向型性格吗?内向是天生的吗?作为一个内向者,你有什么特别的优势,有什么方法可以让你克服在工作、恋爱、社会场合中的不适应?作为一个内向者的亲人,有什么方法可以帮助他(她)更好地发挥优势?

我们的文化重视并推崇外向的性格,因为美国是建立在个人主义至上的民族,他们看重公民要善于表达出自己的想法。我们重视行动、速度、竞争和魄力。所以,不奇怪人们都很排斥内向的个性。我们生活在一种对反思和独处持否定态度的文化之中,"走出去"和"做"是人们的理想。

当外向被人们理所当然地认为是健康发展的必然结果时,内向的个性就成了"让人敬而远之的另类"了。在某种程度上,性格内向的人未能实现应有的社会生活,他们注定要承受孤独和不快乐。

然而我们生活的世界中,不仅是由人的不同种族、不同性别影响形成,也是由人的不同性格塑造出来。我们性格最重要的一点,也就是科学家西格里所提出的"性情的阴阳面",决定了我们更内向还是更外向。如果把各种性格定义为一个以内向和外向为两个端点的横轴,那么我们在这个横轴上的位置将影响我们对朋友以及配偶的选择,也将影响我们交谈、处理问题和示爱的方式。

内向者与外向者能够取得好的表现所需要的外界刺激的程度不同，内向的人需要的外界刺激不多，与密友喝喝小酒，玩玩填字游戏或者看看书，这对他们来说刚刚好。外向的人就不一样了，他们更喜欢接触新的面孔，在坡面滑雪，或者把立体音响调的很大声。

外向的人总是很快地处理问题，他们会飞快地作出决定，能够自如地同时应对多项任务，并且不怕冒险，他们喜欢对金钱和身份的狂热追逐。内向的人做起事来就比较慢比较谨慎，他们不会同时做好几件事情，能够全神贯注，相对而言，他们能经受名利的诱惑。

内向的人未必害羞，害羞是对来自社会的不认同及屈辱的恐惧，而内向则是对一种不过分刺激环境的选择。害羞本身让人不快，但是内向并不如此。

内向者从其内在世界的想法、自我反省及深度沉思中吸取能量，若是长时间与他人在一起，会感觉到能量枯竭。为了保持自身的专注力，很少与外界交流，往往在社交上很封闭。

但是，内向者社交有其自身的优势：

（1）比较习惯于沉浸在个人的精神世界中，养成了沉稳、踏实、喜欢思考、耐心谨慎、自制力强等特点，给人可靠的印象，更容易被人认可。

（2）少言寡语，不喜欢锋芒毕露，嘴巴严，更容易听到真心话，口碑大多较好，所交的朋友都是知心的朋友。

（3）有较多的时间更冷静、更客观、更深刻地观察和思考问题，对问题的理解更独到，想象能力更强。

在人际交往中，内向者只要能认真听别人说话，对别人的正确意见表示赞同，对别人的长处和做出的成绩给予肯定，就会大受欢迎。

性格内向的人多不以自我为中心，事实上可能还恰恰相反。他们集中注意于内在世界的能力，以及对感觉和体验进行反思的能力，使我们能更好地理解外部世界和他人。那些好像是自我中心的东西，事实上正是能够切身理解他人所处境地的能力。

而性格外向的人并不是不爱交际的，他们只是以不同的方式进行社会交往而已。性格内向的人只需要很少的朋友关系，但喜欢与朋友之间有较多的联系和亲密相处。

在美国，最必不可少的就是在孤独世界中有所创造。因此，不必为自己的内向性格而苦恼，充分发挥自己内向性格的优势，使自己在竞争中占据领先地位。

真正的成功始于行动

成功始于行动。做事贵始于心动，而是否成功则需要许多的条件因素，但不否认，行动是一个好的开始，因为行动是实现宏伟的目标与远大的理想的前提。行动越快，越符合章法，那么成功的机会就越大。

有一句格言说的好："幸运之神会光顾世界上的每一个人，但是，如果她发现这个人没有准备好迎接她时，她就会从门里进来，然后从窗子飞出去。"在生活中，有许多人都拥有着自己的理想，在他们中间，一部分人是整日把自己的理想挂在嘴边，而另一部分人则是默默无闻地为自己的理想奋斗着。

平庸的人往往把那些容易的事情放在最前面，而优秀的人则把那些最重要的、最能带来价值的事情放在前面。所以我们经常看到两个人可能同样忙碌，但因为对事情排列的顺序不同，所以达到的成就也就大不一样了，这就是事情的区别。

意大利著名的航海家哥伦布发现新大陆后不久，在西班牙的一次欢迎会上，有位贵族突然口出狂言："发现新大陆并没什么了不起，这不过是件谁都可以办到的小事，根本不值得如此张扬。"这位贵族继续说道："哥伦布不过就是坐着轮船往西走，再往西走，然后在海洋中遇到了一块大陆而已。我相信我们之中的任何人只要坐着轮船一直向西行，同样会有这个微不足道的发现。"

哥伦布听完贵族的这番"高论"之后，并没有表示丝毫的尴尬，只见他漫不经心地从身边的桌上拿起一个煮熟的鸡蛋，微笑着说："各位请试一试，看谁能够使鸡蛋的小头朝下，并竖立在桌上。"

大家用尽了各种办法，结果却没一个人获得成功。哥伦布拿起手里的鸡蛋，用小头往桌上轻轻一敲，鸡蛋便稳稳地竖立在桌上了。

那位贵族不服气地说："你把鸡蛋敲破，当然就能竖立起来，用这样的方法我也能够做到。"

哥伦布起身很有风度地环顾着在座的每个人说："是的，世界上有很多事情做起来都非常容易，不过其中最大的差别，就在于我已经动手做了而你们却至今没有。"

那些最优秀的人在启动之前已经设立了一个未来的远景目标，然后倒推现在应该做什么，从而迈出第一步。大多数人对生活都有自己的想法，但却从来没有迈出第一步。

要取得成功就得大胆行动起来，并全力以赴！有些人很想有所成就，但是还没有动手就感到非常困难，他们搞不清楚自己想要做什么，由于思想上没有一个明确的目标，所以觉得很难决定下一步要做什么。

在一个荒年，人们没有吃的。有一个富人想帮助人们，但不是白白地施舍，而是让想来吃饭的人为他做一件事，为他家翻耕一小块空地。人们纷至沓来。然而有一个人却站着不动，尽管饿得两眼昏花，看着别人吃得香而流着口水，但他仍是站着。富人走过来，说"你来吃吧，但明天就不能这样了，除非像别人一样！"那人吃完之后，说："谢谢，等我富有了，我加倍还你！"富人一笑了之。可谁知，在几天后，人们却发现那人的尸体，被活活的饿死！想想，要富有，干嘛不去劳动呢？要想有收获、成就，为何不去行动呢？

这个故事告诉我们：成功始于行动。切不能做语言的巨人，行动的矮子。任何一个伟大的计划和目标，都要靠行动来实现，否则一切理想与计划就只是幻想、空想。

美国著名作家赛珍珠说过："我从不等待好运来敲门，如果你一味等待，就不能完成任何事情。你必须记住，只有行动才能有所收获。"

大自然就像一个魔术师，它在你的面前设定了一个帷幕，你每走一步，帷幕就会自动往回退一步。所以如果你走不到这一步，你是看不清未来的情形的。不要对未来有太周详的规划，关键在于迈开那一步。

培养坚强的自制力

每天坚持做点儿自己原本不太喜欢的事情，最终会让你获得自律、毅力以及信守承诺，增强自制力。

自制力就是控制自己的能力。是指能够完全自觉地、有意识地控制自己的情绪，支配自己行动的能力，是意志的重要品质，是情商的重要要素。

具体来说，自制力表现在两个方面：一是善于迫使自己执行定下的决定；二是善于抑制与自己的目的相违背的愿望和行动。也就是强迫自己做该做的事，甚至是自己不喜欢的事。比如，你今天计划起早去跑步，是否能离

正能量
用信念改变自己

开温暖的小窝义无反顾地下床呢?你曾决心不打车攒钱买房,能否坚持每天在寒夜冷风中等公车呢?你计划每天要背一定数量的单词,会否因为打球或打游戏而把任务拖到明天呢?这些都是在考验你的自制力:你是否迫使自己做正确的决定,能否抑制无益的欲望和行为。

通常,自制力的构成是一个矛盾体,矛盾的一方是感情,另一方是理智。如果任凭感情支配自己的行动,那便使自己成为了感情的奴隶,是缺乏自制力的表现。罗伊·L·史密斯说:"自制力宛若受到控制的火焰,正是它造就了天才。"

14世纪,有个名叫罗纳德三世的贵族,是祖传封地的正统公爵,他弟弟反对他,把他推翻了。弟弟需要摆脱这位公爵,但又不想杀死他,便想了个办法。罗纳德三世被关进牢房后,弟弟命人把牢房的门改得比以前窄一些。罗纳德三世身高体胖,胖得出不了牢门。弟弟许诺,只要罗纳德能减肥并自己走出牢门,就不仅能获得自由,连爵位也能恢复。可惜罗纳德不是那种有自制力的人,他无法抵挡弟弟每天派人送来的美食的诱惑,结果不但没有减肥,反而更胖了。

一个没有自制力的人,就像被关在铁栅栏中的囚犯。任何一个优秀的队员都明白:如果没有自制力,就永远不可能成功。优秀的人勇于接受精神上和肉体上的磨练;他们愿意接受超出自己想象的任务并全身心投入其中完成它;他们经常让大脑保持活跃,考虑一些有挑战性的问题,不断地思索需要认真对待的事情以期训练自己的自制力。而这种自制力决定了人们在关键时候的所作所为。传记作家兼教育家托马斯·赫克斯利说:"教育最有价值的成果,就是培养了自制力,不管是否喜欢,只要需要就去做。"

一名优秀的人,还应目光远大,每一个行动都针对他们的长远目标;关注他人,拥有良好的人际关系,甘愿牺牲个人利益;坚忍不拔,勤奋学习,在逆境中保持积极乐观的态度等。那么,怎样提高自制力呢?

（1）加强思想修养。

人的自制力在一定程度上取决于他们的思想素质。一般来说，具有崇高理想抱负的人决不会为区区小事而感情冲动产生不良行为。

（2）提高文化素养。

一般来说，文化素质比较高的人往往能够比较全面正确认识事物，认识自我和他人的关系，自觉地进行自我控制、自我完善。

（3）稳定情绪。

用合理发泄、注意力转移、迁移环境等方法，把将要引发冲动的情绪宣泄和释放出来，保持情绪稳定，避免冲动。

（4）要强化自我意识。

遇事要沉着冷静，自己开动脑筋，排除外界干扰或暗示，学会自主决断。要彻底摆脱那种依赖别人的心理，克服自卑，培养自信心和独立性。

（5）要强化实践锻炼。

一方面要加强学习，积累知识，开阔视野，用知识来武装和充实自己，提高自己分析问题和解决问题的水平，并通过学习别人的经验来扩展自己决断问题的能力；另一方面，要积极投身到生活实践中去，刻苦锻炼，不断丰富经验，提高自己的适应能力。

（6）要强化意志力量。

要培养自己性格中意志独立性的良好品质。对自己奋斗的目标要有高度的自觉。只要经过自己的实践认准的事，就应义无反顾地走下去，想方设法达到预期目的。不必追求任何事情都做得十全十美，不必苛求自己没有一点失败，不必过多地注意别人怎样议论你。

真心待人可以获取更多人情

保持对别人的真诚，不仅会让你得到别人的信任，同时最重要的是为自己保持了一个纯净的心灵，一个容易让人亲近的气场。相信，每一个真心待人的人也都能够得到更多人的善待。

一个人只要对别人真心感兴趣，在两个月之内，他所得到的人情，就比一个要别人对他感兴趣的人，在两年之内所得到的人情要多得多。

《职业妇女》杂志主编琳·波维琪曾经在《新闻周刊》工作了25年。她是以秘书受雇，后来升任为研究员，最后荣膺《新闻周刊》第一位女性资深编辑。这个职位表示她必须督导作家与编辑，而他们以前曾经是她的主管。波维琪回忆着："事情发生了有趣的逆转。"

其实，大部分的同事对她的晋升都相当认同，只有一位编辑不以为然。波维琪说："那位编辑从开始就无法接受这个安排，倒不是因为讨厌我，而是因为他认为我得到这个职位凭的只是性别，而非真才实学。我是从别人那儿听说他的想法，当着我的面，他什么都没表示过。"

波维琪尽量保持平静，她让自己尽快进入新角色。她协助提供故事的新点子，她经常与作家们交谈，她对辖下的六个部门——医药、媒体、电视、宗教、生活方式与理念都表现出真正的兴趣。

波维琪晋升后六个月左右，有一天这位编辑走进她办公室坐在她对面的椅子上，对她说："我得告诉你，当初我对你的晋升很不以为然，我觉得你太年轻、经验不足，只因为是女性就得到了这个职位。但是，现在我想告诉你，我真的很感谢你对工作的浓厚兴趣，以及你对作家们与编辑们的关切。在你以前的四位资深编辑，我对他们只有一个印象，那就是他们只把这个职位当做跳板，没有一位真正关切这份工作。而你却完全不同，你是真正对这份工作感兴趣，并且对每个人感兴趣。"

毫无疑问地，波维琪把她多年培养起来的管理风格带到她在《职业妇女》杂志的新职务上。她说道："你应该认真对待每一个人，绝对不能拒人于千里之外，而且必须经常与他们接触。我常常走动以便与同仁交谈。我们有一套聚会系统，因此每一位同仁都知道某一天的某个时间，会有机会与我单独谈话。他们一定会有机会、有时间说想说的话。我对他们的所作所为很感兴趣，我对他们的工作感兴趣，我对他们这个人本身更感兴趣。"

对他人表示真正的兴趣——只有这样才能令别人对你感兴趣。人们只有在别人的真诚关切下才会有所回应，因为他们没办法不回应。下面就再让我们来看一个例子：

对人表示关切一直是艾德里安娜·比特女士的注册专利，她是斯卡拉曼丝绸公司的总裁。比特女士有一天经过壁纸部门时，无意间听到壁纸部门主管正跟一位员工在谈话。

那位主管问道："路易，最近好吗？"

路易回答："唉！不太好！我有点烦恼。"

比特走上前问了一句："你知道原因吗？"

路易解释道："我一直有恐高症和幽闭恐惧症，可是今年圣诞节我得搭飞机到波多黎各去度假。我觉得好恐怖哦！"

比特又追问了几个问题，最后她说："我想你最好还是去看医生。"

"我去看过一位医生，可是他的诊所在三十二楼，吓死我了。"

"也许你应该找一位在一楼看病的医生。"比特说。

"比特女士，其实我前几天做过一个梦，我梦到自己怕得要命，可是你走过来用手臂抱住我，告诉我不要怕。"路易说。

比特于是抱住路易，并对他说："别怕!路易，做几个深呼吸，恐惧就会过去了。"

他们又谈了一阵，路易终于绽开笑脸，并问比特道："你愿意陪我搭飞机吗?"

比特跟他一起大笑了起来。

几天后比特谈起这件事，说："路易昨天启程了，我想他应该不会有问题。"

对于这样温馨的关怀，没有人会无动于衷的。因此，真诚地关心他人，没有比这更有效、更有价值的了。只有你真心待人才可以获取更多人情，拥有更多朋友，你也会因此得到更多回报。

三　气场正能量
积极辐射正能量，缩小心与心的距离 <<<<<<<<

热忱是一种源自内心的感觉，这是一个如此关键性的观念。值得我们再强调一遍，热忱是一种源自内心的感觉，绝不应该与喧闹的亢奋混为一谈。

信什么就能见到什么，要相信自己尚未开发的潜能。当积极的能量与自身的某个特质结合时，你会发现它具有一种驾驭情势、自我完胜的神奇魔力。积极辐射正能量，拉近你与他人的关系，缩小心与心的距离，自然能够左右逢源，获取超级影响力。

——引自卡耐基《人性的优点》

有气势不如有气场

强大的气场犹如一种心灵磁场,能够吸引很多的人,善于营造气场的人可以在某种场合用以影响和震慑他人,让自己成为不可忽视的人物。

天地万物都伴随有气场,如果你身体健康、精力旺盛、气质逼人,你的气场就会很强,周围和你接触的人就会感知到,被笼罩在这种强大的气场之中;反之,倘若你精神萎靡不振、灰头土脸、垂头丧气,你的气场就会很弱,对周围的人来说,你等同于不存在。

气场可以是吸引力,是魔力,也可以是某种具备神秘能量的魔咒,它使得人们的目光总是被你吸引,不论你在做什么,都能让你受人关注。所以,纵有凌厉的气势还不如有气场摄人心魄。

"气场"不是"吸引力法则",却远比"吸引力法则"更为强大,而大家所理解的"吸引力法则"也仅仅是"气场"的一个支线而已。就这一个支线让历史上许多伟大人物:柏拉图、伽利略、贝多芬、爱迪生、卡耐基、爱因斯坦,以及许多非凡的发明家、卓越的科学家、伟大的思想家获得了成功。而"气场"和"吸引力法则"的最大的不同是,吸引力法则更多的是依赖意志以及天赋的作用,而"气场"却是一种人人都能轻易获得以改变命运的万能钥匙。

有生命就有气场,它是我们身上无形的精神符号,它能够告诉别人自己是健康的、积极的、阳刚的、有能力的,还是消极的、颓废的、无所作为的、阴郁保守的。总之,它不需要说话,也不需要特地说明,就能为你打开与人交往的第一扇大门。

我们的使命是调整气场,你的,我的,任何一个人的,当你有需要时,你可以通过了解自身的魅力达成愿望。还记得达·芬奇画过的鸡蛋吗?是的,没有最圆满的鸡蛋,没有最完美的人,但我们可以做到尽量接近圆满完美,使人生焕发光彩。

我们所需要的气场,是一种通过自身正面积极、强大向上的综合魅力,带给周围的人或事(物)的一种有益的吸引力和影响力。它会带给我们人生的幸福与成功,帮助人们成为事业与家庭两条战线的重要角色,让你的魅力无所不在,使你如鱼得水、游刃有余。

外在包装固然重要,但眼睛是决定气场的至关重要的因素。双眼如果没有神采,黑眼圈难以掩饰,气场一定会直线减弱。让你的双眼顾盼有神,是让气场变强的第一步。一定要注意,人们可以透过双眼看到你是自信还是自卑,是骄傲自大还是谦虚谨慎,是贵族还是暴发户!

压力会让气场紊乱。因此一个可以始终临危不乱、淡定自若的人,他的气场也是稳定强大的。塑造气场的根本,还是在于塑造自己的内心。

皮克·菲尔曾在哈佛大学、加州大学、华盛顿州立大学、普林斯顿大学等多所知名学府发表演讲,在电台、电视台开办讲座,并在华盛顿、纽约、旧金山等城市设立了多个气场训练中心,与常青藤名校紧密合作。他的一系列有趣课程和科学实用的训练方法,对帮助人们实现心理上的强大和精神的成功、提升无数人的人生境界起到了巨大的作用。

他认为,一个人最大的价值,来源于他在某一方面获得的存在感、他对别人的影响力以及他对自己人生的掌控力和在此中体现出来的让人无法抵挡的魅力,包括工作、办公室、职场、家庭、人际关系圈,及在某一个具体的人、具体的事面前的吸引力。

强大的气场是一个人的存在感和吸引力之所在,是他身上无与伦比的光环,是他独一无二的精神名片。在菲尔训练中心的墙壁上,写着气场的五个奥秘：微笑、风度、经验、勇气、技巧。

"没有比这些更重要的事情。通过对这五个方面的加强，他们可以建立自信，找到自己的价值所在，无论何时都充满自信，这就是我们追求的一个人的真正魅力。他不是完人，但却可以成为某一方面的强人，称得上人生的优胜者。"菲尔博士说，"每个从这里走出去的人，他们都可以在第一时间引起别人的注意，是当之无愧的交际高手，这比任何设计精美的名片和长篇大论的介绍都有效。"

自信和真诚最能打动人

自信的人会在自己的周围营造出强大的气场，让人感受到鼓舞；而真诚是赢得他人信任的关键，也是建立互信关系的基石。一个自信、真诚的人，会迸发出吸引力，赢得更多人的拥戴。

很多人都盼望着成功，却不重视达到成功彼岸的性格和品质的养成，以为成功者要么是天纵其才，要么是机会把握得好。一个人要成事，最重要的是什么呢？我以为是自信和真诚。只有具备了这两个要素，你才有资格向成功进发。因为自信和真诚最能打动人，为你赢得和谐的人际关系，让你处处左右逢源，为你的事业扬起风帆。

一个人是否成功，就看他的态度了。成功人士与失败者之间的差别是：成功人士始终用最积极的思考、最乐观的精神和最辉煌的经验支配和控制自己的人生。失败者刚好相反，他们的人生是受过去的种种失败与疑虑所引导和支配的。

我们的态度在很大程度上决定了我们人生的成败：

（1）我们怎样对待生活，生活就怎样对待我们。

（2）我们怎样对待别人，别人就怎样对待我们。

（3）我们在一项任务刚开始时的态度决定了最后有多大的成功，这比任何其他因素都重要。

（4）人们在任何重要组织中地位越高，就越能达到最佳的态度。

人的地位有多高，成就有多大，取决于支配他的思想。消极思维的结果，最容易形成被消极环境束缚的人。

当年曾有一位皇帝，问过一位哲学家：谁是最快乐最幸福的人呢？哲学家的回答出乎皇帝的意外，他说：谁能这么想，能这么做到的人，他就是最快乐与幸福的。

爱默生教授说："这世界只为两种人开辟大路，一种是有坚定意志的人，另一种是不畏惧阻碍的人。"他又说："那些'紧驱他的四轮车到星球上去'的人，比倒在泥泞道上追踪蜗牛行迹的人，更容易达到他的目的呢。"

的确，一个意志坚定的人，是不会恐惧艰难的。尽管前面有阻止他前进的障碍物，它可阻止他人，却不能阻止住他。意志坚定的人排除这障碍物，然后继续前进。尽管路上有使人跌倒的滑石，但它只能使他人跌倒，意志坚定的人，行进时脚跟步步踏实，滑石也奈何不得他。

自信是成功之源。只要我们有自信，便能增强才能，使精力加倍。一个人的自信力，能够控制他自己的生命的血液，并能将他的"信念"坚强地运行下去。这不愧是一个有能力的人，能够担负起艰巨的责任，这样的人才是可靠的。

如果一个人能够了解坚定的力量，能够把他所希望的东西在心灵上牢牢地把握住；然后向着这理想目标艰苦不懈地努力，那么，他一定可以排除种种的不幸与困难，而达到理想中的最高峰。

在人际关系中的品德因素，最重要的莫过于真诚了。真诚是构筑人际关系大厦的基础。1968年美国学者安德森曾列出了五百多个描写人品质的形容词,请大学生们选择他们最喜欢的品质。结果,在8个被评价的最高的品质中,有6个与"真诚"有关。

那么如何做到"真诚"呢?"要真诚,首先要诚实。"诚实可靠、具有信用、值得信赖,是一切人际关系的基础,也是赢得朋友的前提。他人能否对你产生信赖感,不仅仅取决于你自身的素质与品德,而且还要靠自己去主动表现。下面介绍的方法,可以使你给别人留下诚实可靠的形象:

(1)提前到达约定地点。

(2)坦率回答问题。

(3)失误后不辩解。

(4)做陷入逆境者的忠实听众。

(5)遵守诺言。

(6)小事严责,大错原谅。

实践证明,真正的成功人物都能遵循一项既定的计划努力工作,努力结识别人,赢得人心。高高在上的人不会侈谈如何善待别人,但是真正有名的大人物都有一套"赢得人心"的完整计划。

这套完整的计划可归纳出下面的十项要素:

(1)记住别人名字。这方面如果成绩欠佳,就表示你对这个不够重视。

(2)态度要大方。别人会很自在,自己也很坦然。

(3)培养轻松活泼的个性,做事不要太紧张,以免喘不过气。

(4)不可自高自大。千万不要表现出"无所不知"的狂妄,而应礼贤下士。

(5)充满幽默风趣的言行,使你的朋友如沐春风。

(6)找出自己的缺点,并加以纠正。

(7)消除你的错误观念,不随便发牢骚。

(8)学习喜欢人,直到自然而然为止。

(9)恭贺有成就的人,安慰忧伤的人。这些机会都不可错过。

(10)随时让人感觉出你的朝气,这样他们就会对你另眼相看,敬爱有加。

历史上的伟大人物和那些工商界、艺术界、科学界与政治界的知名人士都很随和，他们都有"喜欢别人""善待别人"的特征。

关注对方让气场相合

当面对种种不如意和委屈的时候，请拿出虚怀若谷的胸襟，学会换位思考，你会发现，世界原本可以如此美丽，生活原本可以如此丰富，精神原本可以如此充实。

每一个人，无论他在印度或在美国或在中国，无论他默默无闻或身世显赫，文明或野蛮，年轻或年老，都有成为重要人物的愿望。这种愿望是人类最强烈、最迫切的一种目标。只要满足别人的这项心愿，使他们觉得自己重要，你很快就会步上成功的坦途。它的确是你"成功百宝箱"里的一件宝贝。这种做法虽然不值分文，但值得使用的人却很多。

现在，我们来看看在生活上到底应该怎么做。大多数人把思想从学术研究转到实际生活时，往往会忘记"个人的重要性"这个观念。这时就请你注意人们的态度吧，这种态度仿佛在说："你是不存在的人，是个无名小卒，你算老几?你的话一文不值，对我没有任何作用。""你不重要"的态度为什么会这么严重呢?这是因为大部分的人在看到另一个人时往往会想："你不能替我做什么，因此你很不重要。"

事实上，那位别人，不管他的身份、地位或薪水如何，都对你很重要，只要他们认为自己重要后，他们就会更卖力。

我在底特律生活时，每天早上都要搭公共汽车上班，有个司机脾气暴躁的，这位司机老爷加快油门，扬长而去，根本不理会只差两秒钟就可以赶上的乘客。但是他对一个乘客特别关照，这位司机一定会等他上车。

为什么呢？因为这位乘客想办法使司机觉得自己很重要。他每天早上都会跟司机打个招呼，说声："早安，先生。"有时他会坐在司机旁边，说些无关痛痒，但却使司机觉得自己很重要的话。

培养正视别人重要性的态度吧，别人会因此而热情许多。关注了对方，在气场上就会产生共振，就会产生你想不到效果，对你的成功大有好处。

如何关注对方呢？不妨从以下几个方面着手：

（1）主动与对方打招呼、寒暄；

（2）引导对方谈得意之事；

（3）以笑声支援对方；

（4）找出与对方的共同点；

（5）表现出自己关心对方；

（6）先征求对方的意见；

（7）记住对方"特别的日子"；

（8）善意的建议；

（9）指出对方身上的微小变化。

换位思考是基本的道德教谕。《马太福音》中说："你们愿意别人怎样待你，你们也要怎样待人。"真理的身上布满伤痕。换位思考是人类经过长期博弈，付出惨重代价后总结出的黄金法则。没有人是一座孤岛，社会是一个利益共同体。我们不能用自己的左手去伤右手，我们是同一棵树上的叶和果。俄国革命家和地理学家彼德·阿历克塞维奇·克鲁泡特金在《互助论》中证明：只有互助性强的生物群才能生存，对人类而言，换位思考是互助的前提。

当你学会换位思考的时候，就会在遇到问题时多站在别人的角度看问题，设身处地的为别人着想。当我们遇到与他人意见各异，从对方的角度去考虑某些问题,设身处地的从对方的角度去思考以及所处的环境来处理问题,有可能某些我们眼看无法调和的冲突,在我们山穷水尽时,因为我们的换位思考而进入了"柳暗花明又一村"的境界。当我们做到这些的时候,我们就能够更多的理解别人,宽容别人。在生活中,学会换位思考,化干戈为玉帛,化消极为希望,我们会发现原来生活其实很美好,每一天的心情都是很好的。

如果你想抱怨,生活中一切都会成为你抱怨的对象;如果你不抱怨,生活中的一切都会变得美好起来。一味地抱怨不但于事无补,有时还会使事情变得更糟。所以,不管现实怎样,你都不应该抱怨,而要靠自己的努力来改变爱抱怨的心态。

热情拉近心与心的距离

心的距离靠近了,一切就水到渠成了。为此,我们在重要场合一定要展示出自己的热情,催发对方与你交流的冲动。在任何时候,做任何事情,都体现出你的热情来,面对热情,一颗冷漠的心也会变暖,面对热情,人世间处处沐浴春风。

所谓做人要热情,其实就是指一个人应具有一种历久不渝的爱。也就是说一个人在生活中首先要爱自己,确认自己,并且将这份爱推己及人。一个充满热情的人,不论年纪大小,都保持着一种青春的活力,而这种青春的活力可以使你在情况艰难,摇摇欲坠的时候坚持下去,渡过难关。著名哲学家爱默生曾说过这样一句话:"没有热诚,就不能成大事。"热情能拉近心与心的距离，使一个人个性变得越来越美好，使别人愿意和你相处。一个人最让人无法抵御的魅力，就在于他满腔的热忱。

但是，生活中有些年轻人，碰几次钉子，受到些挫折和打击，就变得心灰意冷了。原来生活的热情消失了，对一切事物的兴趣也没有了，对周围的一切都漠然处之，麻木不仁。这是不应该的。诗人欧尔曼曾写过："岁月令皮肤加添皱纹，失去热诚却令心灵发皱。"

一个失去热情，对一切人和事物都采取漠视和冷淡态度的人，是一个心理不健康的人。因为，他们看不到生活的本质和人生的真谛，看不到希望和曙光，不能寻觅到挚友和知音，也激发不起生活的热情和兴趣，终日伴随他的只是内心深处的孤寂、凄凉和空虚。这无疑是一种可悲的自我摧残和自我埋葬。

热情犹如生活中的阳光，给你光明和温暖、希望和信心，支撑着你朝既定的目标义无反顾地前行。明白了生活的意义，我们每个人都可以活出热情来。

不同的方式展现出不同的气质。无论你的目标是什么，你喜欢的事物会使你全神贯注。你的热情会如流水般扩散出去。当你全神贯注在自己的兴趣上时，你会忘了时间，沉浸在幻境中。等工作完成时，你会感到心灵的宁静与安详。当你专注在工作中时，就像是在冥想一样，你忘了自己是谁，你所做的事也如流水般的四处扩散，你的创意来自四面八方。为什么不是每个人都能活出热情来？为什么许多人活在半梦半醒之中，总是埋怨着生活无趣？这是因为有两个主要的因素在作怪：一个是人们并不知道热情是非常重要的；另一项是人们不会因为热情而受到赞美和鼓励，结果许多人都不知道他们真正的热情所在。

快乐生活的一个基本要点就是找出你的热情来。想弄清楚自己对一项工作有没有兴趣，只要你问他这个工作如果没有金钱回报他还做不做时，你就可以弄明白了。如果你对一项工作有热情，你便会全力以赴，无论是否有回报。

热忱是股伟大的力量，你可以用它来补充你身体的精力，并发展成一

正能量
用信念改变自己

种坚强的个性。有些人很幸运，天生即拥有热忱，其他人却必须努力才能获得。

那么，怎样才能增强热忱呢？下面的一些建议供大家参考：

（1）深入了解每个问题。想要对什么事热心，先要学习更多你目前尚不热心的事。了解越深入，越容易培养兴趣。

（2）做事要充满真诚的感情。一旦当你说话做事渗入真诚的情感，那么你已经有引人注意的良好能力了。

（3）要传播好消息。好消息除了引人注意之外，还可以引起别人的好感，引起大家的热心与干劲。

（4）培养"你很重要"的态度。任何人都有成为重要人物的愿望，只要满足别人的这项心愿，使他们觉得重要，那么他们就会尽全力地去工作。

（5）强迫自己采取热忱的行动。深入发掘你的工作，研究它，学习它，和它生活在一起，尽量搜集有关它的资料。这样做下去就会不知不觉使你变得更为热忱。

（6）不可以把热忱和大声讲话或呼叫混在一起。如果你内心里充满热忱，那么，你就会兴奋，这时，你的眼睛、你的面孔、你的灵魂以及你整个为人方面的表现，都会让你的精神振奋，从而去感染别人。

（7）身体健康是产生热忱的基础。一个人如果行动充满了活力，他的精神和情感也会充满了活力。

（8）说些鼓舞的话。在振奋你自己的同时，也振奋了你周围的人。

（9）你要反省自己。要经常给自己打气。

（10）要知道你是一个天生的优胜者。

（11）要启发灵感。不要满足现状，不仅仅对你自己，而且对你周围的世界亦然。

（12）成功的热忱，终得有行动的热忱。

（13）要敢于向自我挑战。

（14）在极端困难的条件下，要有"破釜沉舟"的勇气。

别在气势上被对方压倒

人与人相处,相互谦让是一种绅士风度。但是,谦让不同于屈从,更不能把谦让看做是事事退让和妥协,谦让的实质具有虚幻的味道,是为展现自己的意向来做门面的。

我们在工作中,难免会碰上钉子。在确认自己正确无疑后,我们必须坚持自己的观点或做法,才能使工作向良性方面发展,否则难以施展拳脚,而且会让工作事业一败涂地。要坚持正确的做法,就必须和自己意见相左的人作针锋相对的斗争,在气势上处于绝对优势,不被对方压倒。也就是通常所说的霸气。

石油大王约翰·洛克菲勒,可称得上是位地地道道的霸者。他总是一副高高在上的样子,喜欢以自己的意志左右别人。据他身边的人说,"他向对手发动进攻,目的就是要压制对手,让对手承认自己的错误。尽管如此,对手却心服口服。"

所谓霸气,并非霸道蛮横,不讲公理;而是胆识与才智的结合,敢拼敢闯的冒险精神,惟我独尊的王者风范。纵观古今中外,哪一个登上成功顶峰的人心中没有霸气?拥有霸气,就不会裹足不前,而是敢于大刀阔斧地进行改革;拥有霸气,就不会骄傲自满,而是永不停止前进的脚步;拥有霸气,就不会匆忙地"见好就收",而是敢于"放长线钓大鱼";拥有霸气,就能抵制各种诱惑,一心致力于自己的理想和追求。

霸者只享用自己创造出的果实,从来不吃天上掉下的"馅饼"。他们从不坐等机遇来敲门,而是积极主动地去争取和创造。他们敢于面对现实,从不逃避责任和义务。

一名推销员要想创造良好的业绩,就得勇敢地去敲客户的大门,大胆地与客户进行谈话。否则,连客户大门都不敢敲的推销员,他的成绩单上永远都写着"零"。

一个人的资质与天分有多高并不重要,对于创业者来说,只有具备一身成功的霸气,才能战胜一切困难,创造辉煌的成功。霸气是成就一切事业的关键。如果没有霸气支撑你站起来,坚持下去,一切都是白费心思。

腰缠万贯也没什么了不起,如果你是个胆小怕事的家伙,前怕狼,后怕虎,不敢去拼去闯,只是长年累月地从你的"金库"支出,那么你的"资源"总有一天会枯竭。

暂时取得了成就也没什么值得夸耀的,因为人生没有永远的成功,任何人都只是眼前的胜利者。也许你暂时成功了,但你没有勇气再向前迈进一步,于是从此安于现状、不思进取,这样的话,你最终还将沦为一个失败者。因此,要想活得充实,活得辉煌,活得轰轰烈烈,我们就要努力培养出一身霸气!

与霸气相伴相生的就是"独断专行"。提到"独断专行",通常给人"不考虑别人意见,办事主观蛮干"的印象,同"专横跋扈""一意孤行"有异曲同工之妙。一般来讲,我们应该杜绝独断专行的办事方法,而要集思广益,群策群力。但是有时候,对待某些人,某些事,我们只能采取"独断专行"的方式方法,否则别人会以为我们好欺负,把我们当成软柿子来捏。

在日常生活工作中,有个别刺儿头,经常造成这样那样的麻烦。对这类刺儿头的纵容或姑息,都不利于事态的开展,甚至有可能影响全局。因而,在与这些刺头交往中,必要时就要来点儿"独断专行"。

积极的"独断专行"还有另外一层意思,即毫不犹豫,敢于冒险。往往容易成功的人,他总在别人还犹豫不决的时候,已经下定决心去做了。他不会听从任何人的劝告。因为他认为自己是正确的。遇到挫折也不会怨天尤人,而是寻找解决的办法,不会因为挫折而退却。连从挫折中站起来的勇气都没有的人,是无法成功的。

我们应该在实际工作生活中，视情况来看是否需要独断专行，并且要完全发挥积极独断专行的有效作用，这会使我们的工作生活事半功倍。适当的独断专行，要有很高的工作积极性和责任感，铁腕政策应根据实际情况去掌握，不能盲目臆断行事。

分享利益让彼此靠得更近

一个人不能过于势利和自私，更不能妨碍别人的利益，即使你是在做一场博弈，也需给别人留一条出路，世界上没有永远的胜者，你今天的仁慈很可能就是你未来的出路。

我们要懂得与他人分享身边美好的东西，好东西不要一人独吞，如果自己一味卖弄、夸耀，反而会落得邀功之嫌，当然，同时也会觉得十分无趣。大大方方的与他人分享功劳，一方面可以做个顺水人情，另一方面别人也会认为你很懂得搞好人际关系，而给你更高的评价。

人与人之间的相处，很多时候并不是单项选择题——有你没他，而是多项选择，可以双赢。有些人不明白，他们只知道鱼死网破，不是你死就是我活。为争名夺利打得头破血流、同归于尽的例子，我们身边经常上演。这种人永远没能体悟到，在必要时让一步，反而能给自己带来更大的好处。

有个年轻人，毕业于名校，才华横溢，走到哪儿都带着一股指点江山、舍我其谁的气势。他觉得别人都如无用蝼蚁，不配跟自己比。"我的能力最强，所以理应得到最多。"他总是这么想，得到好处不与同事分享，事事都

正能量
用信念改变自己

独占头功。

结果怎么样呢？部门里的同事联起手来，结成同盟，跟这位"优秀人才"较劲，合力拆他墙角、拖他后腿，处处给他麻烦，任你多么大公无私、尽职尽责，我等就是不配合。一个人处在这种环境下，要想做成点事情，那真是比登天还难！

最后，这位年轻人的工作当然做不好，走到哪儿都碰壁，一身才华困在腹中无法施展，甚至没处诉苦。于是，领导痛责，同事不怜，他在每个人面前都没落下好印象。到这地步，单位分给他的那把椅子就该收回去了。

有句话说："世界上没有永远的朋友，也没有永远的敌人，只有永远的利益。"这句话表明国与国之间、人与人之间交往的根本问题其实就是利益分配。懂得利益分配，其实就悟透了人性的本质、社会的真相。

能够与人分享其实是件乐事，那些把快乐和美好只给自己享用的人，往往是孤独落寞的，体会不到真正的快乐。

当你成功的时候，别把功劳全部归结在自己身上，和他人分享，不仅你开心了，别人也会开心，这样在遇到困难的时候他们才更加愿意帮助你。即使你凭一己之力得来的成果，也不可独占功劳，应让那些曾经帮助过你的人一起来分享这份荣耀。

我们不妨从与同事的相处中留意一些与他人分享的细节：

（1）分享可以说的"小秘密"。

私事在工作之余顺便聊聊，可以让大家增进了解，加深感情，你主动跟别人说些私事，别人也会向你说，有时还可以互相帮帮忙。要知道，信任是建立在相互了解的基础之上的。

（2）分享办公室外的"happytime"。

要定期与同事分享轻松时光，和大家一起"疯"，可以在不经意间让同事们接受和喜欢自己的另一面，大家的感情也就会不知不觉融洽起来了。

（3）同事间相互帮助。

要求别人帮助，也尽可能地帮助别人。要知道，良好的人际关系是以互相帮助为前提的。

（4）分享同事的小吃。

同事有什么高兴事，买点东西请客，对此，你应该积极参与，千万不要冷冷坐在旁边一声不吭，表现出一副不稀罕的神态。时间一长，人家当然有理由说你清高和傲慢，觉得你难以相处。

大方地分享功劳，会让你的人际关系更加和谐，在工作过程中也会更加顺利。不要斤斤计较一点得失，放长线才能钓大鱼。

如果你不懂利益均沾原则，凡是好处都自己独吞，那么即使惊世的才华也只能是无用的白纸。如果学点分享主义，好处利益分给众人，让每个人的心理得到平衡，从而让彼此走得更近，亲如兄弟姐妹，这样大家肯定会通力合作，协助你顺利成功。

大凡成功的人，无一例外都懂得这一点。创业者不要怕跟别人分享，这世界上能够帮助别人成功的事业对你而言最成功，最挣钱的事是帮别人挣钱。好东西千万不要一个人独吞，要分给大家一些。在道路狭窄时，要留一步让别人能走；在享受美餐时，要分一些给别人吃。这是立身处世取得成功的最好方法。

和能量强大的人在一起

不去和超越自己的人交朋友，实在是个巨大的错误，与一个能激发我们生命中美善部分的人交往，其价值要远胜于获名获利的机会，因为这样的交往能使我们的力量增加百倍。

马姆福尔德说："亲戚是上帝赐予我们的，朋友是我们自己挑选的。"

正能量
用信念改变自己

一个人从思想到行为都容易被环境所同化，如果你周围的朋友都是碌碌无为之辈，大概你每天也会沉醉在打牌、醉酒、闲聊之中。如果你周围的朋友都很好学、上进，大家在一起能够相互切磋，相互鼓励，不知不觉中你也会变得有所作为。

美国心理学家马斯洛曾说："如果你想知道一个人一英里能跑多快，你不会研究一般的跑步者，你要研究的是比你更出色的跑步者，因为只有比你出色的人才能使你知道你的潜力有多大。"

我们提倡跟随成功，指的是跟随一切领域中正面的积极的顶尖高手，也就是和能量强大的人在一起。

世界上没有一个人能够完全离群而独居，人总是要过群体生活的。在人类社会中，每一个人都像葡萄藤上的一根权枝，其生命完全依赖在主藤上。分枝什么时候脱离它的主枝，什么时候就要萎缩枯干。一簇葡萄之所以味美色香，完全是因为依在葡萄的主枝上，仅靠分枝是无能为力的。如果要把分枝从主枝上剪断下来，那么分枝上的葡萄就要枯萎。

社会交往能增强一个人的能力。一个人的接触面愈广，那么他的知识、道德将愈加长进。如果与人断绝来往，那么他的一切能力就会减弱。

一个人从别处所摄取的能量愈大、质量愈好、种类愈多，则他个人的力量愈大。假使他在社交上、精神上、道德上同他的同辈有多方面的接触，则他一定是个有力量的人。反之，假使他在人我之间断绝关系，则他一定会成为弱者。

人类需要各种的精神食粮，而这各种精神食粮只有在同各种各样的人们相混相交中得来。

在同一个人格伟大、人格坚强的人相面对、相接触的时候，谁不觉得自己的力量会突然地增加几倍，自己的智慧会突然地提高几倍，自己的各种机能会突然锐利了几分。而仿佛自己以前所梦想不到的、隐藏在生命中的力量，都为他解放出来。而使自己可以说出做出在一人独处时、在没有同他接触时，所绝不能说出、不能做出的事情。

常能同他人相混相交的人，仿佛永远在他的"发现航程"中能发现自己生命中的新的"力量岛屿",而这种"力量岛屿"要是他不常同别人接触,是会永远埋没无闻的。

只要他愿意,凡他交接的每个人,都能告诉他若干的秘密,给予他一定影响。有些信息对他而言可能是闻所未闻,但足以转换他的前程,如果这时他选择吸收,将会对他极有帮助。没有一个人在孤身一人的环境里能发挥出他自己全部的能量,而别人常常会成为自己潜能的启发者。

一个人不管有多少学识,无论有多大成就,如果不能同别人一起生活、不能互相往来,不能培养对他人的丰富同情心,不能对别人的事情发生一点兴趣,不能辅助别人,也不能与他人分担痛苦,分享快乐,那么他的生命必将孤独、冷酷、毫无人生的乐趣。

人应该多和高过自己的人接触交往,和一些经验丰富、学识渊博的人接触交往,这样就能使自己在人格、道德、学问等方面受到好的熏陶,使自己具有更完美的理想和更高尚的情操,激发自己在事业方面的努力。

一个人大部分的成就总是来自于他人的帮助;他人常在无形之中把希望、鼓励、辅助,投射入我们的生命中,而在精神上兴奋我们,常使我们的各种能力趋于锐利。

生命的生长,都依靠心灵从四处吸收营养,而这种营养,官能的感觉是不能觉察、不能测量的。从耳目中吸收进"力量",而这种力量的吸收不是取道于官能的视觉、听觉神经的。一个成功人士,肯定有着良好的人际关系,一个成功人士背后,肯定有着发达的关系网。

所以,一个人力量有多大,不在于他能举起多重的石头,而在于他能获得多少人的帮助。

四　心态正能量
创造快乐，做最幸福的自己 <<<<<<<<

　　人们常说，时间是万能的武器。是的，随着时光的流逝，那些曾经的喜怒哀乐也会在我们的记忆中慢慢搁浅。试想，现在的你，是否还被一年前的烦恼、焦虑或痛苦所困扰呢？

　　在这个世界上，每个人生存状态的基本原理是快乐，提升内心的幸福感与满意度。快乐是可以得到的，而得到的办法并不复杂，那就是增强心态正能量。任何渴望快乐的人、决心得到快乐的人，可以学习并运用正确的法则梦想成真。

——引自卡耐基《思想的光辉》

正能量催生全新的内心世界

心态积极，永远朝着正向努力，那么我们的人生就没有失败可言了。让自己内心强大起来，首先来自于心态正能量。

我们所讲的成为成功者，不是纸上谈兵的文字游戏。我们在某个时候必须走出大胆甚至狂妄的一步——"你是决策者"，这个简单而艰难的信息是你要面对的。

每个人，都必须做改造我们生活的重大选择，如果我们不能了解我们每个人都掌握着自己的一生的道理，就会缺乏意志力去塑造一项适合我们的希望、需要和能力的事业。有效掌握你自己，固然非常重要，但了解这一点已经不容易了。

希尔的学生之一汤姆在一战之前的一次飞机失事中失去了两条腿。他躺在医院时，已经基本上失去了意识，但是在迷迷糊糊中，他听到两名护士在对话。其中一个说："这孩子也许坚持不住了。"一向坚强的汤姆听到这话，决意坚持下去。结果令人们大感意外，汤姆不但活了过来，而且以惊人的速度复元，而且再度担任战斗机驾驶员时，表现非常出色，有一次甚至从德国战俘营中逃脱——只用他的两条假肢。

意志力使汤姆从死亡线上挣扎了过来。此外还有许多例子显示了个人选择与决心的重要性。在抗癌成功者中，多数都具备这样一些心理特点：拒绝

正能量
用信念改变自己

放弃希望、拒绝扮演病人角色、随时准备接受新观念等。他们对生命永远具有强烈的渴望。希尔说："这些人拒绝坏消息，他们拒绝相信自己的疾病，他们拒绝让自己更理解自己真实的情况。"

由此我们可以看出，正能量能够催生出一片全新的内心世界，从而使你成为一个全新的人。

对于个人，有坚强的自信，往往可以使得平庸的男女，能够成就神奇的事业，成就那些虽则天分高、能力强但却疑虑与胆小的人所不敢染指尝试的事业。

事实上，不热烈、坚强地希求成功而能取得成功的，天下绝无此理。成功的先决条件就是自信。

有许多人往往想，世界上种种最好的东西，与自己是没有关系的；人生中种种善的、美的东西，只是那些幸运宠儿所独享的，对于自己则是一种禁果。他们沉迷于自以为卑微的信念中，则他们的一生，自然要卑微以离世；除非他们一朝醒悟，敢抬头要求"优越"。世间有不少可以成大事，而老死家中，默默度过其渺小的一生的男女，就因为他们对于自己的期待，要求太小的缘故。

在普通人看来不可能的事，如果当事人能从潜在意识去认为"可能"，也就是相信可能做到的话，事情就会按照那个人信念的强度如何，而从潜意识中流出极大的力量来。这时，即使表面看来不可能的事，也可以完成。

工作时也一样，没资本没什么关系。在不景气中喘息奔波而能渐渐露出头角，得到成功的例子也有很多。那是因为他能够不管别人说"那不可能"的话，而抱着"我一定要把那件事完成给你看"的信念之故。

为什么能够产生这种奇迹般的事？主要是有两种原因：

（1）拥有绝对可能的信念，就会在心底播下"好种子"，而从心底引起良好的作用。

（2）绝对可能的信念到达潜意识后，会从那里流出无限的能力来。

由此看来，许多不可能的事往往会变成可能，这种奇迹般的事是可能发生的，甚至有时在短时间内就会发生效果。

许多令人无法相信的伟大事业也有人能够去完成，其主要原因是，那些人都拥有不怕艰难的强烈信念。所以，要相信自己的力量，不要受周围声音的左右。能如此毅然地前进，成功之门就会为你打开。

人人都想要成功，每一个人都想要获得一些最美好的事物。没有人会喜欢巴结别人，过平庸的生活，也没有人喜欢自己被迫进入某种情况。最实用的成功经验，那就是"坚定不移的信心能够移山"。可是真正相信自己能移山的人并不多，结果，真正做到"移山"的人也不多。

自信可形成成功的良性循环，成功信念引导你成功地从事事业，成功的事业又将成为推动你迈向更大成功的动力，这难道不是一个良性循环吗？

心中有光明，世界就不会黑暗

请记住，心中有光明，世界就不会黑暗。无论遇到什么样的困难与挫折，一个人都不能消极、低落，要知道太阳总是会升起来的，希望是永远也不会失去的。

用乐观的眼光看世界，世界是无限美好的，充满希望的，我们的生活就充满阳光。乐观的心态能把坏的事情变好，悲观的心态却把好的事情变坏。说消极话（发牢骚的）的人，第一个受害者是他自己。消极的东西像水果上发烂的部位，当有一处腐烂，它会迅速将好的水果感染坏。

暴雨来临的时候，乐观的人看到的是之后的阳光，悲观的人却只能看到在暴雨中被击败的落花。

命运如纸，只要保持一种乐观的心态，无论它怎样变化，遭受怎样的挫

正能量
用信念改变自己

折与磨难，纸上绘出的永远都是美丽动人的风景。

我们很多人都有这种切身感受：当自己春风得意之时，便会感觉生活处处充满阳光；而一旦遇到挫折，或身处逆境时，就觉得生活一片阴暗，甚至感到世界的末日即将来临！因此，个人主观性在很大程度上影响和改变着一个人的生活和事业。

第二次世界大战时，有个士兵在一次战役中被炮弹碎片刮伤喉咙。他写了张纸条问医生："我会活下去吗？"医生回答说："会的。"他又问："我仍可以讲话吗？"他又得到了肯定的答复。于是这个士兵在纸上写道："那我还有什么好担心的呢？"

是啊！为什么不停止忧虑，对自己说："我还有什么好担心的呢？"也许你就会发现，自己所面临的逆境其实微不足道，不值得操心。

"每种逆境都含着等量的成功的种子。"试想，生活中是否有些事情似乎有巨大的困难或不幸的经历，它们却鼓舞着你取得了成功和幸福；倘若没有这些困难或不幸，你可能反而不会取得这种成功和幸福。

在逆境中，经过种种苦难的考验，在徘徊中看到的希望，能够激励我们取得成功。大科学家爱因斯坦在逆境中也要追求希望，因为牛顿的定律不能解答他的一切问题，所以他不断地探究自然，终于提出了相对论。根据这种理论，人们找到了击破原子的方法，懂得了质量与能量相互转化的关系，并成功地征服了空间，解决了很多令人费解的问题。如果爱因斯坦没有这种坚定的信念，这些成就是不可能取得的。

虽然我们的奋斗结果不一定能改变客观世界，但它却能改变我们的内心世界，使我们能沿着自己的心灵之路前进。

乐观不是只有一部分人才能享有，只要掌握方法，就能时刻保持乐观心态。

（1）重新诠释灾难。

我们应该破除一种观念，那就是不好的事情就是灾难。就像失业，虽然丢掉工作很严重，甚至是一种灾难，但是不容否认，天下没有不散的宴席；更要承认，经过一段时间的调整可能会出现其他一些挑战与美好并存的机会。

（2）提升掌控能力。

因为运气不佳或者未曾成功，悲观主义者会觉得厄运总是与他们如影随形。经济不好或者爱人不忠确能成为事业失败、婚姻解体的主要原因。要努力保持一种平衡，即保持敢于担当现实带给你的责任与对消极后果采取行动——另找工作或者刊登征婚广告——之间的平衡。要承认，并非天下之事尽在你的股掌之中。

（3）抓住乐观因素。

大家性情向上你就觉得向上吗？花儿鲜艳夺目，邻居兴高采烈，小狗频频摆尾。要尽量理解你此时此刻的想法和感觉。如果你感觉良好，就要知道原因何在，方式如何。也可以把那些积极的想法储存起来，以备黑暗来临之用，比如严冬季节第五次降雪，由此可知冬天短暂，花朵旋即便会重新绽放。

（4）交谈切忌肤浅。

闲聊可以增强社会交往，实质性互动会让人们产生一种快乐之感。不可能每天早上碰到偷你安全徽章的家伙都要深入探讨一次哲学问题，可是见到亲密朋友或者配偶深入谈谈会让你乐观很多。

（5）乐观看待世界。

培养乐观主义心态不是对思维模式的"破旧立新"。如果你周围的情形确实差强人意，那也无妨。为什么不往好处想了呢？要多注意那些尚且不错的东西，这样你就会知道，为乐观而让一切尽善尽美完全没有必要，就像杯中之水总让它溢出杯口一般。

在人生中，要用积极的心态不断地努力。对于坚强者来说，一次逆境，就会造就一粒等量大的、能克服任何困难的种子。乐观的人有一种力量，可以战胜一切困难和悲惨的环境，每一个乐观的人都会得到幸福。

正能量
用信念改变自己

没有绝望的处境，只有绝望的人

记得一位哲人说过："只有学会忘记苦难和不愉快，才能成为最幸福的人。"这句话太有道理了！为了使自己的感觉不被担忧、恐惧、忧郁等消极的情绪所左右，我们应该学会不让生活中一些不愉快的事情改变你现有的美好心情，学会忘记它们。

生命从来不会绝望。没有绝望的处境，只有绝望的人。

法布尔做过一次著名的蝎子试验。他抓来一只蝎子，把它放到一盆燃烧着的炭火中，刚开始，就如同传言中所说的那样，被火焰灼伤了的蝎子先是狂怒无比，四处乱撞，在左冲右突了一阵之后，很快便绝望地"自杀"了。蹲在一旁仔细观察的法布尔以为蝎子真的以毒针刺伤了自己，并因毒性发作而死，于是，就用一只镊子轻轻把它夹起来，放到一层被水浸湿的清凉的沙子上。

让法布尔没有想到的是，这只"自杀"了的蝎子在半个多小时以后竟然复活了，它动起来就跟先前没被投入火盆前一样灵敏、活跃。不敢相信的法布尔又另外找来两只蝎子做实验，结果完全一样。由此，法布尔得出一个全新的结论：在绝境前，蝎子"自杀"的说法仅仅是一种误传。其实，这是蝎子在面临危境时所采用的一种逃生方式，是一种假死现象，它并没有自杀。

法布尔是睿智的。后来，他把自己的实验结论提升到了生命的境界，以此来阐述"只要活着,就没有绝望"这一命题。他这样写道:"生命,是一种严肃的东西,不能遇到丁点艰难、困苦就轻易把它抛弃。我们不应把生命视为一种享乐,一种磨难,而更应该把它视为一种义务,一种只要一息尚存就必须全力以赴地去尽的义务。那种让生命的最后一刻提前到来的做法,完全是懦夫、蠢货的所作所为。我们有权凭着自己的意愿决定坠入死亡深渊的方式,但这并不意味着我们有权轻生遁世。连地位如此卑微的昆虫在绝境中都尚且向往自己活着的希望,作为人的我们,更应该有理由相信——生命,无论何时,从不绝望。"

是的,不到事情水落石出的那一天,我们谁也不能确定自己的成败。这就注定了我们在那之前必须敢闯、敢拼,注定了我们在工作中必定会历经一些无法想象的挫折,从而体会到一些触及绝望的心绪。无论如何,每当你身处困境中时,请坚持、再坚持,以你不屈的意志力在绝望中寻找希望的真谛所在,以你依旧饱满的热情来鼓励自己,鞭策自己不向困难低头哈腰,也坚决不向困境俯首称臣!

生命,是在挣扎中显示其伟岸的,经过一番艰难与困苦的历练之后,自会拥有一份挣扎的美丽。

有个美国人叫鲍勃·彼得雷拉,是洛杉矶的一名电视制作人,60多岁,有着超常的记忆力,能够记住5岁以来几乎每个生日的细节,过去40年来度过的每个新年前夜等。

这样超常的记忆力是每个人所羡慕的,但是,任何事情都是双刃剑,有其积极的一面,也有其负面的一面。彼得雷拉的超常记忆给他带来了不少烦恼,因为他在记住过去的美好瞬间的同时,难以忘记那些令他痛苦和难过的伤心事。

从这个角度来看,彼得雷拉的生活充满了哀愁,甚至是莫名的悲哀。因为,他的记忆中存满了那些令人快快不乐的碎片,给他带来了无尽的苦恼。

事实上,思想是有磁性的,有着某种频率。如果你想的是一件愉快的事情，在你生活中的那些愉快的经历就会翩翩起舞地向你飞来。

然而，当你在与一件不愉快的经历纠缠不休的时候，你生活中那些曾经发生过的不愉快的经历和感受就会蜂拥而至，像潮水一样向你扑来，你的记忆仿佛变成了一个吸铁石，所有消极的感觉就会被吸引过来。

我们可以用许多积极的办法，去改变消极的情绪。比如说，当我们感到沮丧的时候，我们可以唱唱歌，欣赏美妙的音乐，进行体育锻炼，与朋友聊天，与心爱的人在一起，或是憧憬未来，回忆美丽的往事……总之，要使自己拥有更多的爱好和更多的朋友，以此来转移注意力，把不愉快的思想和情绪赶走，保留那些美好的感觉。

告诉自己"我能行"

思想远大的人很善于在自己和别人心中，创造出乐观积极富有展望性的画面。这种坚定的自信是他们之所以不同于平常人，而善于创造辉煌一重要原因。

很多时候，最大的敌人是自己的心。千万不要在败给对手前就败给自己，把所有的顾虑，所有的担忧都抛到脑后。不管面对多大的压力，也要轻松地给自己打气："我能行。"

做一个重要人物，我们首先必须看重自己，真正地看重自己，然后才能赢得他人的尊重。再重复一遍这个逻辑：你如何思维决定你如何行动，你如何行动，却又决定别人如何对你做出反应。

就像你的个人成功计划中的其他要求一样，赢得尊重说起来并不难。赢得他人的尊重，你首先要有自尊。你更多地尊重自己，别人也会更多地尊重你。不信就试验这一原则：你尊重一个无赖或酒鬼吗？当然不，因为他缺乏自尊，自甘堕落，别人也不会尊重他。

自尊在我们做的每一件事上表现出来。现在，让我们集中在某些特殊的办法上，它们可以帮助我们增强自尊，因而也赢得他人的更多的尊重。

很多哲学家都忠告我们：要认识自己。但是大部分的人都把它理解为，仅认识你那消极的一面，不少自我评估都包括太多的缺点、错误与无能。

认识自己的缺点是很好的，但如果仅认识自己的消极面，就会陷入混乱，使自己变得没什么价值。以下的练习可帮助你正确地衡量自己：

（1）确定你自己的五项主要资产。

可请一些较客观的朋友来帮助。例如你的太太、你的长辈或教授，保证他们能够明智忠实地提出意见。通常须列出的资产项目可包括教育、经验、技能、仪表、和谐的家庭生活、处世态度、品行、干劲等。

（2）在每一项资产下，写出三位已经获得巨大成就的人物，但是这个人在这项资产上仍比不上你。这时，你就会发现你至少某一项资产比许多成功者强。

惟一的结论是：你比你想象中的自己还要伟大。所以，要将你的思想提高到真正的高度，绝不要看轻自己。你也能像他们一样成功。

你自己想要发展多大的价值，取得多大的成就，你就得树立多大的志向、多大的理想。成就伟大的事业与鼠目寸光是格格不入的。许多人一事无成，就是因为他们低估了自己的能力，妄自菲薄，以至缩小了自己的成就。

而看重自己，又总是和你个人坚持不懈的奋斗分不开的。能始终不渝地奋斗，这正说明你有强烈的自尊自信，相信自己"我能行"。

亚伯拉罕·林肯是美国历史上最伟大的总统之一，但是他的个人成长道路并非一帆风顺，而是充满艰辛。正是具备了积极进取的心态，他才一步步走向成功的顶点。1832年，林肯失业了，尽管十分伤心，但他坚定信心立志成为一名政治家。在竞选州议员的活动中，林肯没有成功。接着他尝试创办企业，谋求长远的发展；但是一年以后，企业倒闭了。此后近20年间，林肯一直为偿还企业债务而到处奔波。

后来，林肯成功竞选州议员，但是在竞选州议会议长、美国国会议员的道路上又遭受了挫折。面对生活的挑战，林肯没有放弃，他以积极乐观的精神投入到新的工作中去。1846年，他竞选国会议员获得成功。接下来，林肯竞选参议员、美国副总统提名反复遭遇打击，在不懈地努力中，他终于在1860年登上美国总统宝座。

一生遭遇九次重大失败，却仍能问鼎总统宝座，这就是积极乐观的亚伯拉罕·林肯。他一直没有放弃自己的追求，始终做自己生活的主宰，成为后人拼搏进取的光辉典范。由此可见，在个人成长的道路上、在工作中、在失败面前轻易投降不是最佳的选择，培养一颗进取心、坚持永无止境地奋斗才有可能通向成功的彼岸。

哈佛大学的毕业生罗纳德·皮尔经常对别人说："只要坚持下去，总有一天情况会好转的。"小的时候，每当他遭遇挫折和失意，母亲就会这样说："如果你坚持下去，积极进取，总有一天会交上好运。而你还要认识到，如果没有之前的失败和痛苦，就不会有后来的幸福和快乐。"事实的确如此，失败的教训、苦难的环境磨砺了人们的意志，只有具备积极进取、永不言败的心态，才能越挫越勇，实现我们的远大目标。

如果你面对问题时受到"不可能"观念的困扰，你可以对所谓不可能的因素展开一次实事求是、客观的研究，结果你会发现所谓的不可能，通常不过是源于对问题的情绪反应而已，而且你还会发现只要以冷静、非情绪的态度，运用智慧来审视所涉及的诸事，你通常能克服这些所谓的"不可能"。

任何苦难都不要放在心上

请我们身边的每一个人都能牢记苦难带给我们的洗礼，重新让生命焕发光彩。利用我们所拥有的这笔伟大的财富来磨砺自己吧，赐予苦难是上帝授予我们的机会，而挑战苦难则是向成功迈进了一步。

若想让自己活得快乐，就得似婴儿吸乳般从重压和苦难中汲取营养，在黑暗中褪去彷徨，寻找一丝丝似梦的光明。然而上帝又是公平的，把这份苦涩的礼物赏给了每一个人，以至于我们不能抱怨他的冷酷或者偏心。

苦难是英雄的营养，而英雄又何曾把苦难放在心上。他们把苦难当做历练的基石，在苦难中理解了人生，并获得了进步的动力。

梵高，一生苦难，落魄终生。但他死后，人们称他为天才画家，他的每一件作品几乎都价值连城。所以，苦难是天才的营养，而天才又何曾把它放在心上。

人一生下来就注定走向死亡，同时又在拒绝死亡。抵抗死亡最强有力的营养便是苦难。忘掉痛楚，收获希望，苦难是普通人的营养，而普通人又何曾把它放在心上。

人生的烦恼往往是自己给自己编织的一个囚笼。有时候心无旁骛反而可以活得快乐，追逐一生，忙忙碌碌，来不及体验真情的幸福；容颜消殒，浮华散尽，悔悟挽留不住青春决然的脚步。

英国前教育内阁大臣布伦克特是一位盲人，在他竞选成功的那天，有记者问他："您成功的秘诀是什么？"布伦克特回答说："因为苦难，是苦难造就了我。"的确，每个人的人生旅途都不可能是一帆风顺的，都会经历不同的苦难。关键在于我们应怎样对待苦难。

正确对待苦难，就要用乐观的心态接受苦难，多一份豁达，少一份纠结。当梦想被苦难打败时，有些人停止追寻的脚步，有些人则执着坚持，一如既往，最终挣脱苦难的枷锁。

正确对待苦难，就要用不屈的意志迎接苦难，多一份勇敢，少一份怯懦。一个人如果不懂得接受苦难，必会像汪洋中的一棵浮萍，一阵微风就可以轻易将其吞没。把苦难的寒流当作滋养生命的雨露，浸润其中，使自己羽翼渐丰，直到能展翅翱翔。

正确对待苦难，就要用珍惜的眼光定格苦难，多一份感激，少一份埋怨。正如雨果所说，"所谓活着的人就是不断挑战苦难的人，不断攀登人生高峰的人"。若没有苦难，何来那个坚毅顽强、能够扼住命运咽喉的贝多芬？若没有苦难，何来那个将挫折当成垫脚石的巴尔扎克？

苦难如一杯茗茶，初入口时，你可能会感到它的苦涩，而下咽时也一定忘不了它的甘甜。我们绝不应被苦难攫住心灵，而应该朝着梦想的方向舒展我们的双臂。当为理想而奋斗一生的双臂收拢时，抱住的必将是令人欣慰的硕果。

为什么苦难能够铸大才？因为深受苦难的人心里想着一个世界，上天却偏又给他另一个世界，两者矛盾的结果会使他得到一个超乎这两个世界之上更完美的世界。苦难能够使我们的生活变得充盈多彩，在沾满灰尘之后，在湿透了衣衫之后，我们会发现，原来苦难是最美丽的祝福，最珍贵的宝物。

苦难也是一笔伟大的财富。"人，是从苦难中滋长起来的"，这是拿破仑的名言。是的，我们许多人都把"万事如意""一帆风顺"看作一种幸福，岂知人来到世上，上帝让他做的第一件事就是痛苦地啼哭，这是人生的第一个宣言，充满激情的宣言："人，只有战胜苦难，才能获得新生！"

人，需要历经苦难，需要苦难给予的磨练。什么是苦难？探险是一种苦难，失败是一种苦难，挫折是一种苦难……温室里的幼苗是经不起风吹雨打的，同样，一帆风顺的人生是不完整的人生，因为缺少了苦难，少了同苦难斗争的经历，便少了那份磨砺，少了那笔宝贵的财富。

苦难并不可怕，如果你的心中有成功的信念的话，因为当我们一次又一次地从摔倒的地方凭借自己的力量重新站立起来的时候，我们都会比原来更加高大与健壮。上帝明白，苦难是他送给年轻人的带刺的玫瑰，它会最终带来成功和幸福，尽管为了这朵"玫瑰"，我们刺破了双手。

再难也要笑一笑

人的一生中有许许多多的欲求，有的能达到，有的永远都达不到，因此，这个世上就充满了怀揣各种欲望的人群，他们有的经过不懈的奋斗获得了有限的成功，有的则仍在忙忙碌碌的奔波，而等待他们的也可能就是欲望的破灭，因此看开一切，反而能轻装前行，不但内心愉悦，也更容易接近心中的梦。

生活中，我们经常会遇到许多捆绑和束缚，殊不知囚禁我们的不是别人，而是自己，是我们不健康的心态和偏激的态度。其实。我们每一个人无疑都会有自己的缺点。清醒地认识自己，不断地完善自己，这对事业的成功肯定会有很大的帮助。要把计划放在今天，把行动放在现在，扎扎实实做好每一件事情。当你面对挫折时，选择一个良好的情绪，正确的心态。

正确的选择，会使你踏上成功之路。在面对苦难的时候，不妨对自己笑一笑。人生再不幸，也要笑着活下去。活出勇气，笑对身体上的残缺，以积极的心态面对生活中的遗憾。笑对生活，生活会还你一张笑脸。

在漫长的人生旅途中，苦难并不可怕，受挫折也无需忧伤。只要心中的信念没有萎缩，你的人生旅途就不会中断。所以你要微笑着面对生活，不要抱怨生活给了你太多的磨难；不要抱怨生活中有太多的曲折；更不要抱怨生活中存在的不公。当你走过世间的繁华，阅尽世事，你就会幡然明白：人生不会太圆满，再苦也要笑一笑！

当遇到苦难时，你是否能笑颜以对？恐怕很多人都不能做到。其实，只要你能换个角度来思考，很多苦难都微不足道。

有很多烦恼和痛苦是很容易解决的，有些事只要你肯换种角度、换个心态，你就会有另外一番光景。遇到苦难挫折时，不妨把暂时的困难当作黎明前的黑暗。只要以积极的心态去观察、去思考，就会发现事实远没有想象中的那样糟糕。换个角度去观察，世界会更美。听听这则故事吧：

有个人失恋了，在公园悲痛欲绝。一位哲学家走来，轻声地问："你为何哭得如此伤心？"失恋的人回答说："我和青梅竹马的女友分手，十年的感情啊!说分就分了……"不料这位哲学家却哈哈大笑说："这是好事啊!你还哭，真笨。"失恋的人很生气地说："你怎么这样，我遭受这么大的打击，你不安慰我就算了，居然还指责我。"哲学家回答他说："傻瓜，这根本就不用难过啊，真正该难过的是她。因为你只是失去了一个不爱你的人，而她却是失去了一个爱她的人。"

看了这则故事，你有什么想法。生活的快乐与否，完全决定于个人对人、事、物的看法如何。面对人生的烦恼与挫折，最重要的是摆正自己的心态，积极面对一切。再苦再累，也要保持微笑。笑一笑，也许我们的人生会更美好。

不要幻想生活总是那么圆满，生活的四季不可能只有春天。每个人的一生都注定要经历沟沟坎坎，品尝苦涩与无奈，经历挫折与失意。因此，要从现在开始，微笑着面对生活，不要抱怨生活给了你太多的磨难，不要抱怨生活中有太多的曲折。

没有人会注定不幸，你绝不比其他人更不幸。不要因为没有鞋子而哭泣，看看那些没有脚的人吧。绝对不要把自己想象成最不行的人，否则你真成了最不幸的人。很多人觉得活着很累，过得很不开心。其实快乐不快乐只取决于你的态度。再重的担子，笑着也是挑，哭着也是挑。再不顺的生活，微笑这就撑过去了，就是胜利。

有这样一种情况，许多人喜欢跟自己较劲。有时候，这种坚持是必要的，但是许多时候却是一种藩篱。时光匆匆过，恐怕别人已经欣赏了更多美景，而你还在原地坐困愁城。要知道，面对同一件事，想得开是天堂，想不开是地狱。

生活中有太多的东西值得我们去追求，但是我们又没有足够的精力，这就常常使我们因为没有达到目地而感到后悔。不要悲伤，不要难过，鱼和熊掌不可兼得，有时面对难以选择的两个事物时，要学会放弃其中一个，并无悔意。

许多人都在问一个相同的问题：生活是什么？它，是"看得开"。无论面对顺境还是逆境，无论承受压力还是闲庭信步，都能泰然处之，不为无谓的得失苦恼，过好当下的每一刻，这就是幸福的人生。

有些时候要选择遗忘

一个人有了烦恼和怨恨时，多数人会显得异常的冲动和烦躁，其实这时有许多方式可以帮助你解脱这种煎熬。比如找知心朋友倾诉，或者做做旅行消遣一下，但不要把这种恨永远留在心中。

命运从来不给人等待的时间，如果我们错过了，失去了，那就只能沿着自己选择的那条路不回头地走下去。要让自己在这条路上走得开心、走得幸

正能量
用信念改变自己

福,就要学会遗忘,遗忘掉那些痛苦和不幸,遗忘掉那些失去和遗憾,这样你才能轻松地享受幸福。

她生于1890年,那个时代,妇女普遍没有工作,贵族妇女更是如此,可不幸的是,阿加莎爱上了一个贫民男人,后来有了一个女儿。他们同甘共苦,走过了许许多多拮据的日子。

多年以后,男人发迹了,有了大房子,私家车,成了那个时候地地道道的富人,可他却爱上了另外一个女人。阿加莎的女儿对她说"父亲喜欢我,但他不喜欢你"。阿加莎痛彻心扉,却也不得不承认现实。

等了一年,丈夫并没回心转意,她失望之极离了婚。她对自己说:"从此以后,忧愁的日子已远去,剩下的日子全都只属于自己了。"以后她专心著书,侦探小说闻名于世,她还拥有了一个比自己小十四岁的年轻考古学家的爱。他说:"我热爱考古,所以你不必为自己如花的容颜将逝而害怕,在我眼中你只会越变越美,我会越来越爱你。"他用他的一生实践了他曾许下的诺言,成就了一段不被世人看好的爱情,成为美谈⋯⋯

有的人命中注定只会是你心口上的一粒朱砂,不能碰,一碰就痛。可如果你是一个女人,不幸遇到了这样一个负心的男人,一定要懂得适时放弃。对他的眷念就是对自己心灵的践踏,你唯一能做的就是学会遗忘,好好地生活下去⋯⋯

过去对任何人来说都已经可望而不可及了。过去了,就没有再重温的必要。我们的心理空间能有多大呢?背负太多的过往,就无法为未来留有一席之地。一味沉醉于过去,总希望重温旧梦,就是在扼杀将要拥有的未来。明天的灿烂一定能使你忘却过往的痛苦,为什么不给未来更多的空间,为它做更多的努力呢?

有一天,杰克和汤姆一起去旅行。两个人经过一处山谷时,杰克失足滑落,幸好汤姆拼命拉他,才转危为安。一场虚惊,让两个人感慨不已。良久,杰克在附近的大石头上刻下了一行字:"某年某月某日,汤姆救了杰克一命。"

接着,两人继续往前走,几天后来到河边。不知为什么,汤姆跟杰克为了一件小事吵起来,冲动的汤姆一气之下,打了杰克一个耳光。杰克没有说什么,只是跑到沙滩上写下了这样一行字:"某年某月某日,汤姆打了杰克一个耳光。"

过了一段日子,两个人旅游归来。有人知道了他们旅途中的惊险和不快,便好奇地问杰克:"为什么要把汤姆救你的事刻在石头上,而将汤姆打你的事写在沙滩上?"

杰克想了想,富有深意地说:"我永远都感激汤姆,因为他挽救了我的命;至于他打我的事,我会随着沙滩上字迹的消失,而忘得一干二净。"

忘记是对过去痛苦的解脱。尽管忘记过去是十分痛苦的事情,但是,只要因为回忆过去发生的事情而损害了目前的生活,这种回忆就是在毫无意义地损害我们自己。如果学不会忘记,让那些伤心事、烦恼事、无聊事永远萦绕于心头,在心中烙下永不褪色的印记,那就等于背上了沉重的包袱、无形的枷锁,就会让自己活得很累很苦。

因此,要拥有美丽的一天,最重要的是学会放下悲伤,遗忘痛苦。而如何利用情绪与记忆之间积极的一面,隔断负面记忆对情绪所形成的影响呢?

(1)选择好时机来回忆。

选择心情平静的时候,回忆过去的谦逊经历,从而获得一个客观的评价。在特定的情绪状态下,更容易唤起相似的情绪记忆。选择心平气和的时候来回忆愤怒的记忆,这个时候充分的理性与理智的分析才能帮你看清过去,认清现实,把握未来。

(2)获得新角度。

培养积极的心境与积极的情绪状态,从而获得一个崭新的看待问题的角度。对同一件事,不同的情绪状态、不同的心境所引发的回忆会有很大不同。因此,转变心境,培养积极的情绪状态可以帮助你看清以前没看清的东西。

（3）换一个积极的环境。

寻找一个恰当的新的情景、新的刺激来唤起更为积极的情绪体验，让积极的环境带给你一些刺激，使消极的心情变得积极，悲伤的情绪变得平静。

快乐总是与洒脱相伴

有时候，执着会意外的成为一个人内心中最顽固的枷锁。比如，目标过于明晰反而会成为一种心理负担和精神压力，从而束缚了自己翱翔的羽翼；相反，这时候恰当地松弛一下心境反而会走得更远，飞得更高。

罗曼·罗兰说："人人都有积年累月的痛苦与创伤，错误与愧疚，如不知道摆脱与清除，必然由于负累沉痛而减缓了向前奔赴的速度。"人总需要前进，但不是强求的机械变动，经不起风雪折腾的身心也必然承受不住世俗的千缠万绕。

洒脱，要的是手放开，舍弃不该同行的束缚，摒除不该相伴的错误，在坎坷的路途上遏止生命的颠簸，走出喝彩连连，给予自己心灵高尚的疼爱。洒脱不绑缚权贵，也不讨好权贵。洒脱不分贫穷，洒脱是品味人生的一种情真意切的快乐。洒脱是随性自然的发挥，洒脱是内涵素质的修练与外露的表象，展现一种气质与风度。而洒脱的人总是能得到最淳朴的快乐。

在印度，有一个富商碰见了一个乞丐，那个乞丐说："你我是以前的旧相识，能给我一些钱吗？"那个富商仔细地看了看那个人说："我认出你了，你家里不是挺殷实富裕的吗？怎么会沦落到今天这般地步？"那个乞丐说:"唉,去年一场大火将我的财产全部夺走了。"

富商又问道:"那你为什么要当乞丐?"乞丐说:"为了要钱来买酒喝呀!"

"那你又为什么要喝酒?"

"喝了酒之后,我才有勇气乞讨呀!"

富商听到这里,脑中轰然一声巨响,他在瞬间似乎看到了红尘人世中痴迷众生的本相,深有感慨地叹道:"世人谁不是这样痴迷一生呢?为了酒、色、财、气耗尽了一生,这又何必呢?"然后他对乞丐说:"等你哪天不想喝酒了,再来找我吧。"说完之后扬长而去。

乞丐在旧相识这里都没有讨到钱,感到十分灰心丧气。恰好此时又一个修道者从这里路过,乞丐过去问他说:"求你看看我明天会怎么样?"

那个修道者微笑着对他说:"你都一无所有了,还求什么明天会怎么样?你为什么一定要为眼前的事烦恼?我们修道的人只要心怀善良、慈悲、包容,无怨恨、无所求,每天都能得到许多吃不完的食物,即使化不到缘肚子也不感到饥饿,你为什么就不能活得洒脱一点呢?"

在现实中,我们往往身不由己。但我们终日忙忙碌碌、疲惫的心灵确实需要宁静的放松,尽管忙碌使我们充实而又愉快,如果我们不懂得洒脱,实际上在给自己加重负担,让心灵终日劳役,它终有一天会疲惫的。试想,一味追求而忘记给自己一份洒脱的机会,我们又岂能负载更多世俗的担子呢?洒脱,那是在痛苦之后的一种平静,那是在苦涩中品味出的一丝甜蜜。

生活中,有时洒脱是忘却,有时洒脱是泰然,有时洒脱是无声胜有声,有时洒脱又是对境心不起,有时洒脱是宁静淡泊。人生中的酸甜苦辣,谁又能诉尽。每日烦事、恼事、怒气、怨气,谁又能为之抚平。只有洒脱地去面对,用微笑去迎接每一次挑战。

洒脱的人都会经常告诉自己要看开一些,那怎样才能"看开一些"呢?

(1)一分知识储备,十分自信过人。

要有渊博的知识,说话才可能随心如意,任意发挥,进退自如,这才叫洒脱。这种洒脱是自信的表现，有知识并很自信就会洒脱。正可谓是一寸自信，十分潇洒。

（2）二分自我放飞，十二分乐观向上。

人要少一些局限思维，多一些乐观阔达，说话才大大方方，才算一种洒脱。这种洒脱是一种"前瞻感情"，不拘泥于前提，敢于放飞自己。一个人怕东怕西，顾及太多，就会慎重得到保守地步，慎之又慎，反无自信，就会被困难吓倒，最后落得个遗恨终身。

（3）三分关系和谐，百分之百环境宽松。

如果人际关系好，所处的人群与环境融洽，人就会说话左右逢源，给人产生好感，这是一种心理环境洒脱。心理环境是外部环境的反映，有什么样的理念，就会付之什么样的行动，也就会有什么外部环境。人活得洒脱一点，把名利看轻一点，哪有克服不了的困难呢？

坚持下去就会交上好运

一个人在追求成功的过程中，都毫无悬念地会遇到困难和挫折。每当这时候，就是成功与失败的分水岭，如果退缩你就失败，如果不断地积蓄力量，决定战胜困难就会看到成功的曙光。

坚持是通往胜利的一扇大门，只要在迈向你"伟大目标"的大门上敲得够久，够大声，终会把胜利唤醒。久，到底是多久？那就要看你有多大的耐心，毅力有多顽强，有多大的智慧。当然，坚持到最后一定是胜利！

人们都想在事业或学业上有所成就，但是，只有一部分人取得了胜利，而相当一部分人却陷入失败的苦痛之中。这是为什么呢？

其实，那些失败者完全可以尝到胜利的喜悦，但他们往往缺少一种胜利的必要条件，那就是坚持。这就是他们失败的原因。俗语中所提到的"功到"其中已经隐含了"坚持"的意思。可见，一个人要想取得学业上或事业上的成功，除了个人的努力之外，坚持也是实现这一目标的重要条件。美国有句谚语说"常常是最后一把钥匙打开了门"，也是这个意思。

英国著名作家狄更斯平时很注意观察生活、体验生活，不管刮风下雨，每天都坚持到街头去观察、谛听，记下行人的零言碎语，积累了丰富的生活资料。这样，他才在《大卫·科波菲尔》中写下精彩的人物对话描写，在《双城记》中留下逼真的社会背景描写，从而成为英国一代文豪，取得了他文学事业上的巨大成功。

爱迪生曾花了整整十年去研制蓄电池，其间不断遭受失败的他一直咬牙坚持，经过了五万次左右的试验，终于取得成功，发明了蓄电池，被人们授予"发明大王"的美称。

狄更斯和爱迪生就是靠坚持而取得最后的胜利的。坚持，使狄更斯为人们留下许多优秀著作，也为世界文学宝库增添了许多精品；坚持，使爱迪生攻克了许许多多的难关，为人类的进步作出不可磨灭的贡献。可见，坚持能够使人取得事业和学业上的成功。那些失败者往往是在最后时刻未能坚持住而放弃努力，与成功失之交臂。

瑞典一位化学家在海水中提取碘时，似乎发现一种新元素，但是面对这繁琐的提炼与实验，他退却了。当另一化学家用了一年时间，经过无数次实验，终于为元素家族再添新成员——溴，而名垂千古时，那位瑞典化学家只能默默地看着对方沉浸在胜利的喜悦之中。

这两位化学家，一位坚持住了，取得了胜利；另一位却没有坚持住，未能取得成功。可见，能否坚持是取得胜利的最后一道障碍。

你一天到晚心烦意乱，必定一事无成。你既然期望辉煌伟大的人生，那就应该从今天起，以毫不动摇的决心和坚定不移的信念，凭自己的智慧和毅力，去创造属于你和人类的快乐。只有这样，你的生命才能焕发青春。只要你的言行服从你的理想，那么你就能赢得健康、快乐、幸福的真谛。

由此可见，成大事不在于力量的大小，而在于能坚持多久。

始终保持空杯心态

越是谦卑者，越会把自己看的很无知，所以，他就会更自觉地去充实自己，相反，自恃为学问很深的人常常会成为人们谈论的笑料，因为他们不愿意再汲取新知识，所以更容易当众出丑。

一个哲人说："宇宙何其大,人心何其小,但人心可以装下宇宙！"这就是"心比天大"的心态。

日本古时候一个佛学造诣很深的人，听说某个寺庙里有位德高望重的老禅师，便去拜访。老禅师的徒弟接待他时，他态度傲慢，心想：我是佛学造诣很深的人，你算老几？后来老禅师十分恭敬地接待了他，并为他沏茶。倒水时，明明杯子已经满了，老禅师还不停地倒。他不解地问："大师，为什么杯子已经满了，还要往里倒？"大师说："是啊，既然已满了，干嘛还倒呢？"

禅师的意思是，既然你已经很有学问了，干嘛还要到我这里求教？这就是"空杯心态"的起源，它的象征意义是，做事的前提是先要有好心态。如果想学到更多学问，先要把自己想象成"一个空着的杯子"，而不是骄傲自满。

把水全部倒光后，才能吸收更多的东西，不要想着自己知道什么，记着想自己其实什么也不知道。每一个人要想应对时代和环境的变化，必须随需应变。而以变应变，就要求我们具有空杯心态。

所谓"空杯心态"，就是要有一种归零的心态，要有一种一切从头开始的决心，将自己以往的成功的经验或是已经过时的学识予以自我"清零"，把自己想象成是一个"空的杯子"，随时对自己拥有的知识和能力进行重整，就是永远不自满，永远在学习，永远保持身心的活力，始终给自己一个全新的自我，不断地接纳、换新，这样人生的道路才越走越宽广。我听过这样一个故事：

有天晚上，一群牧民正想扎营休息时，忽然被一束强光所笼罩。他们知道神要出现了。带着热切的期待，他们等待着来自上天的重要讯息。

最后，神的声音说话了："尽力收集鹅卵石。把它们放在你们的鞍袋里。再旅行一天，明晚你们会感到快乐，同时也会感到愧悔。"他离开后，这些牧民都感到失望与愤怒。他们期待的是伟大宇宙真理的揭秘，使他们足以因此创造财富、健康或其他世俗的目的。但相反他们却被吩咐去做这件卑微而无意义的事。但无论如何，来访的亮光仍使他们各自拣拾了一些鹅卵石，放在他们的鞍袋里，虽然他们并不怎么想去做这件事。

他们又走了一天路，当夜晚来临，开始扎营时，他们发现鞍袋里的每一颗鹅卵石都变成了钻石。他们因得到钻石而高兴极了，却也因没有收集更多的鹅卵石而愧悔。

所以我们说，在生活和工作中，尽量收集准备你成功的知识、技能的鹅卵石，尽量培养一种"空杯心态"，你就可以期待一个充满钻石的未来。

那么，怎样做到空杯心态呢？做事的前提是先要有好心态，如果想学到更多学问，想提升职业能力，先要把自己想象成"一个空着的杯子"，而不是骄傲自满，故步自封。

（1）空杯心态，应是一种不断挑战自我，永不满足的拼搏精神，需要随时对自己拥有的知识和能力进行重整，清空过时的，为新知识、新能力的进入留出空间，保证自己的知识与能力总是最新。

（2）空杯心态是对自我的不断扬弃和否定，人类认识自己就已经很困难，而不断地否定自己则难上加难。否定自我需要胸襟、需要坦诚、需要胆魄，需要真正的空杯心态。

（3）空杯心态就是忘却成功，学习变化，受到批评要警惕、警醒，得到赞扬更要警惕、警醒。在鲜花和掌声面前，看到差距；在困难和挫折面前，不失信心。

五　暗示正能量
正向的自我暗示打造超级意志力 <<<<<<<<

你在这个世界上是个新东西，应该为这一点而庆幸，应该尽量利用大自然所赋予你的一切。你只能唱自己的歌，你只能画自己的画，你只能做一个由你的经验、你的环境和你的家庭所造成的你。不论好坏，你都得创造一个自己的小花园；无论好坏，你都得在生命的交响乐中，演奏你自己的小乐器。

事实上，心理暗示无时无刻不在影响我们的思维，左右我们的判断。正向的自我暗示充满爱与美好的倾向，引导我们朝着积极的一面努力，消极的自我暗示会把我们引入地狱。

——引自卡耐基《智慧的锦囊》

人生的得失缘于潜意识

请不要忽视潜意识的存在，尽管它还没明白地为你的所作所为指出妥善的解决办法，而事实上，你最终的最完美的决定无不来自于这种潜意识。

在很久以前的古希伯来，神秘学家就曾说过："人就是自己心里想象的人物。"所谓"想象"，就是从潜意识的深处自然涌现出来的东西。想象力的机能表现在所有的想象上，并将那些想象投射在你头脑的"荧屏"上。

你把种子撒在地面上，并没有给它注入生命力，种子一定要埋在泥土里。你应该用正确的方法给予种子水分，这样才能促使种子成长。我们也将此要领应用在我们的心理看看。这个种子，就代表了你的三个欲望——希望成为真的、希望做的、希望得到的。

在人的大脑这个"工具箱"中包括两个部分：意识——此地藏着逻辑与理智的想法；潜意识——此地装的是直觉与创意。

所有的成功者，都懂得如何利用这两种工具去应付每天所发生的问题。成功者不但知道如何使用潜意识，还知道使用的经验愈多，工作就愈顺利。遗憾的是，这世上没有几个人能将潜意识的功用发挥到极致。原因乃在于，大部分的人都不知道这种工具功能何在，该怎么用。而事实上，想成功的人都必须先懂得如何利用潜意识做富于创意的思考或解决问题。

当你将全部精神集中在某种问题之上时，潜意识便已经开始作用，在本人毫无所觉之下处理问题，并在有了决定之后，将决定输送到意识部分。人们常说创意与灵感便是在潜意识部分产生，而问题经常都是靠这些解决。意

正能量
用信念改变自己

识部分主要的作用即是扮演催眠师的角色，把问题暂时丢进潜意识部分，然后等待潜意识把答案找出送回到意识部分。有时候，潜意识在某种层面也具有类似催眠术的作用。当你不断在心中对自己说："这是不可能的，这是不可能的……"则这种想法就会慢慢累积在你的潜意识中，使你愈来愈相信这件事就是真的。

同样的道理，如果你在订目标或做决定时信心不够坚定，心想"自己怎么可能做得到"，无形之中潜意识已经在吸收你这种自己否定的思想，最后潜意识便会做出阻碍你行动的决定。由此可知，思想对自己的将来有多么重要，它能让你前进，也能让你退步。

消极失败的心态之所以会使人怯弱无能，走向失败，是因为放弃了伟大潜能的开发，让潜能在那里沉睡，白白浪费；积极成功的心态之所以会使人心想事成，走向成功，是因为每个人都有巨大无比的潜能等待我们去开发。

你要平衡自己肯定的信念，并将怀疑、不安等否定的思考逐去。对于你自己的欲望，你不必使用任何力量和精神的强制，只要将这些欲望种植于敏感的心中，为了将之实现，你必须停止你的焦虑不安。请想象你的欲望被实现，而沉浸在那种喜悦及满足感中。

你的欲望和思考，就是你所期望之事物的实体，也是看不到之东西的证物。你的欲望像你的手和心脏一样实在，它存于和心不一样的空间，而持有独自的形态和本体，所以"请相信已经得到了，如此你必定可以真的得到"。

人们都渴望成功，那么，成功有无"秘诀"？这里，我们就要把一个巨大的"秘诀"告诉你：

成功的根本原因是开发了人的无穷无尽的潜能，任何成功者都不是天生的，只要你抱着积极心态去开发你的潜能，你就会有用不完的能量，你的能力就会越用越强。相反，如果你抱着消极心态，不去开发自己的潜能，那你只有叹息命运不公，并且越消极越无能！

你不要与贫困结下感情。如果你自己觉得生病，就会变得生病；觉得自己贫困，就会变得贫困。请肯定"我是坚强的、完全的、充满精神的、光辉的",并且感受你自己肯定事物的真理。如此,你的人生便会产生奇迹。那么,怎样开发自己的潜意识呢?

(1)尽量使用积极、快乐、宏大的词汇来描述你的感觉。

(2)使用积极的语言鼓励他人,抓住任何机会赞美他人。你周围的所有人都渴望赞美。

(3)使用光明、快乐、好的字眼去描述他人,使它成为你的一个法则。

(4)使用积极的语言向他人介绍出你的计划。

冲破潜意识的那堵围墙

潜意识有时候也会做为一种反向力量,限制我们所做出的积极的行为。为此,消除具有反向倾向的潜意识也是我们不断修正思想的人物之一。

潜意识犹如一堵厚厚的围墙,阻挡着人的显意识视线,并阻碍着它化作成功的动力。如果一旦被发掘,它就会变成一道心中的长城,为你筑起成功的坚强基石。

研究表明,每个人都具有某种特殊的才能。但是许多人并不认为这些特殊才能会对现在的工作有所帮助,或者并不知道如何运用这项才能,以至于大部分的人都将属于自己的这项珍贵才能白白糟蹋了。

既然潜意识有这种力量,那么我们就要在各方面尽量灵活运用自己的这项特殊才能。事实上,偏偏有很多人以为自己所具有的这项才能,只是一些不登大雅之堂的"小玩意儿",根本不曾妄想过利用这项"小玩意儿"来提高身价。正因为我们怠于思考自己所拥有的才能,所以也懒得活用上天赐予的最佳礼物。下面是某广告公司总经理当年初入广告界的经过：

在20岁以前，这位总经理渴望成为一名技师。在学校时，他很努力地充实自己有关这方面的知识。有一次，他想卖掉手边的一架唱机和唱片，于是选出了几位对这方面有兴趣的朋友，分别写信问他们，看谁愿意买。其中一位朋友看了信之后非常愿意购买，于是立刻回信，在这封回函里，这位朋友不断地夸赞他文笔流畅，颇具说服力。因此便建议他，既然能写出这么有魅力的推销信函，为什么不投入广告界从事撰写广告的工作呢？

朋友的这封信，就像一粒小石头丢入水中，激起了阵阵涟漪一样，"投入广告界，立志做个出色的广告人！"就此整日盘旋在他脑中。如果我们从另一个角度来看，当他立志要在广告界一展身手时，事实上，他便已经成功了。

爱迪生并未受过正规的教育，却在科学界有极为杰出的成就。他不怕挫折，他一无所惧。他对于任何人或任何事都问心无愧。他从来不因为自己的重要性而自夸，而是虚怀若谷，这更能显出他的伟大。

有一次他谈到发明电灯的经过，有人问他，"如果你到现在还没有成功，你会怎么办？"他的眼中闪着愉悦的光彩说："我一定还在实验室里工作，没有时间和你聊天。"爱迪生知道没有所谓的"失败"。

有人曾经做过一项实验，考验人们在面对失败或打击时的耐性，一般人能忍受几次失败而不会灰心。

大多数的人只遭遇一次挫折之后就不想再尝试，极少部分的人继续尝试第二次，有很多人还没有真正遇到挫折就放弃了，因为他们预期会失败，还没有开始就先打退堂鼓。不用说，在这群人之中找不到福特或爱迪生。

一个人不论目前身价如何，工作现况如何，只要用心改变，都能将其本身独具的"特殊才能"发挥出来。

潜能人皆有之，然而，为何人与人之间却有许多能力上的差异呢？造成此种差异的原因何在呢？一言以蔽之，这是基于隐藏内部能量是否已被善加利用之故。

我们又应如何才能将潜能正确引导出来呢?这里提供四个必要的条件供读者遵循：

（1）想象成功；

（2）思考成功；

（3）相信成功；

（4）采取行动争取成功。

上面四个条件任缺其一，潜能势必无法得到充分发挥，惟当四个条件同时具备，才会正确地引导潜能。希望大家能够记住这点，不管你从前是怎样评估自己的身价的，只要你能稍稍改变一下内心的想法，就能够彻底改变自己的人生。

关于自己的"才能"也可以如此断定。如果你曾经仔细思考，你就会发现以往一直认为难登大雅之堂的"小玩意儿"，对于你的人生其实具有重大意义。

对你而言，现阶段最重要的不是在你既有的能力上再加入一些新奇的力量，而是如何将你现在所拥有的能力100%地活用发挥。

促使潜能开发应用的方法途径有许许多多，但从成功学的角度而言，主要有四个方面，即"诱、逼、练、学"。

（1）"诱"就是引导。

寻求更大领域、更高层次的发展，是人生命意识里的根本需求。"这山望着那山高"、"喜新厌旧"是人的根本特性。

（2）"逼"就是逼迫。

人是一个复杂的矛盾体，既有求发展的需要，又有安于现状、得过且过的惰性。能够卧薪尝胆、自我警醒的人少之又少。更多的人需要的是鞭策和当头棒喝式的促动，而"逼"就是"最自然"的好办法。人们常说的"压力就是动力"，就是这个意思。

（3）"练"就是练习。

此处特指专家为开发人的潜能而专门设计的练习、题目、测验、训练，如脑筋急转弯、一分钟推理等，多做有益。

（4）"学"就是学习。

学习绝对是增加潜能基本储量及促使潜能发挥的最佳方法。知识丰富必然联想丰富，而智力水平正是取决于神经元之间信息联接的面和信息量。

勾画成功后的自我

一幅完美的事业蓝图往往是一个自我想象的结果，而后我们才按照头脑中形成的思想定式去行动。通常，一个人对自我成功设计的能力越强，取得成功的可能性就越大，这是积极暗示的一种呈现形式。

伟大的人生始自你心里的想象，希望做什么事、成什么人。在你心里的远方，应该稳定地放置一幅自己的画像，然后向前移动并与之吻合。如果你替自己画一幅失败的画像，就足以使你不能胜利；相反地，替自己生动地画一幅获胜的画像，就足以助你迈向成功之路。

你目前自我意象的形成，是根据你以前的经验，而对自己加以定义所画出来的想象图像。现在，你可以用以前形成不合适的自我意象的同样方法，制造出合适的自我意象。每天腾出30分钟的时间，自己独自一人，不受他人干扰，尽量地放松自己，并使自己舒适下来，然后闭上眼睛运用你的想象力。

此外，在这30分钟内，你看到自己的行动与反应，必须是恰切的、成功的与理想的。你无须为明日的理想培养信心——只要不断地练习，看到你正在行动、正在感觉、正在"成为"你所希望的样子。

经过一段时间的练习后，你将惊奇地发现自己"行动不同"——自动自发而又毫不费力，而目标竟能如此容易地达成。

当你想象一个问题，如果闭上眼睛，静下心来，就可以把它强烈地刻印在心里。因此，睁着眼睛来想，不如闭着眼静静地集中精神来想较为有效。但是，请你不要忘记因为效果比较大，有时也会产生反效果。

因为虽然心里认为"我想做这件事"，可是在潜意识中，就会有"照这种情形看来，大概一、二年内也不可能实现"这种理性的想法出现。有了这种怀疑的心，就会在心底播下坏种子，所以，反而会有反效果产生。这种怀疑是因为在潜在意识里抱着不相信的态度，所以才会发生的。

墨菲说："静下心来，专心地想。"但对于那些并没有受过多大潜意识训练的初学者，在运用想象力的同时，心中就会涌起"但是，我可能做不到"这种怀疑的心，所以才不会有效，甚至会产生反效果来。

普通想象不需要像控制潜意识一样锻炼，只要单纯地去想"我希望做那件事"或"我想要这件东西"就可以了。对自己的力量有自信，也是会有效果的。

当然，这比潜意识刻在心里的比例更小，可是只要能反复几次，刻印就会变得极大了。但是，如果有自信的话，还是用潜意识比较好。如果相信自己的潜意识一定可以使人生走向好的方向，就应该去运用潜意识。如果无法顺利运用潜意识的话，最好是暂时停止。

生命第一个爱的对象应该是自己，写诗给自己，与自己对话，在一个空间安静下来，听自己的心跳与呼吸。相反，一个在外面如无头苍蝇乱闯的生命，最怕孤独。

与自己对话，使这些外在的东西慢慢沉淀，你将会发现，每个人都可以是你的另一半。因为你会从他们身上找到一部分与生命另一半相符合的东西，那时候你将更不孤独，觉得生命更富有、更圆满。

在适当的时候，常常向自己输入正面积极的言辞，例如一早起床，就自我提醒一次，叠被时再重复一次，洗脸对镜子作第三四次提示，走路、等公共汽车是第五六次。每天一有空闲就自我肯定一番，自信自然而然深深在心

正能量
用信念改变自己

田里扎根，沉睡的机能也一定会清醒过来，发挥它强大的潜力。

只要把心门打开，自然而然，无限的能力就会流进你的内心。人是有能力的动物，想做到的事一定可以做到，这才是人的力量。而人的力量是无限的，所以你心中也蕴藏着无限能力。由于心灵深处存在着潜能，人才能得到无限的力量。因而你可以认为潜能就是你自己心中无限的能力。打开心门感觉潜能时，你才能得到那个潜能无限能力的供给。

人生中的成功绝非偶然，而是必然会产生的。中国有句俗话说"至诚通天"，意思是说只要诚实又认真地面对，总有一天会有极大成果的。也就是拼命挣扎的那种想法会上达于天，而且是早晚都会实现的。

有一个著名的贾金斯法则经常被我们应用在生活之中。贾金斯认为，只要你总是抱着希望——"我希望自己能成功"，或是"我希望自己成为首屈一指的业务员"，你就一定能找到好方法，这就是"贾金斯法则"。贾金斯博士说："睡眠之前留在脑海中的知识或意识，会成为潜意识，深刻地留在自己的脑海中，并可转化成行动力。"

如果认为自己的意志薄弱，那就对自己说："我一定可以加强自己的意志。"例如，你看到一位很有希望的顾客，你就假想自己很成功地和这位顾客签约的情景。这样，每晚就寝前想一次。只要你有信心，这种自信心就能让你成为很有魅力的人。

但是，运用这个方法时要注意下面几点：

（1）做好睡眠的准备之后再上床；

（2）读书或自我期许之后就睡觉；

（3）上了床之后就不要再下床做别的事；

（4）不要有任何杂音。不要一边听收音机或看电视，一边行动。

现在就剩下实行了。不，应该说是持续地进行。首先要让自己具有清楚的意志，然后不断地实行，这样你的人生就能逐渐步向成功之路。

请试试看吧，朋友，相信你能彻底改变自己！

明确的目标是成功第一推动力

凡是事业有成的人，都善于为自己设立一个奋斗的目标，没有目标，人就会变得很懒惰，没有激情，也没有足够的动力。一个人树立了明确的目标，在潜意识中就会积极主动朝这个方向奋进，从而增加了成功的概率。

凡成功者，必有坚定而明确的目标。他们以身为箭，以心为弦，将自己射向成功的目标。目标使人把握前进的方向，增强进取心，合理安排时间；目标激励人勇敢面对困难，在竞争中永不气馁；目标推动人行动起来，把思想变成行动，创造伟大奇迹。

松下电器的创始人，松下幸之助说过："人生如果没有目标，就无法得到充实，就不能前进或发展。"松下幸之助这样的经营之神之所以能打败竞争对手，拓展事业，让自己的品牌响遍千家万户，是因为他能够很好地规划人生使命，通过实现目标来推动自己的发展。所以，目标就像前方鲜明的旗帜，指引着成功人士向前奋进，成为成功的第一推动力。

英国前首相玛格丽特·罗伯特斯，1925年10月13日出生于英国伦敦西部的格兰汉姆市一家杂货店主的家中，格兰汉姆也是著名物理学家牛顿的家乡。

玛格丽特是父母的二女儿。她父亲阿尔弗雷德格外宠爱玛格丽特，决心将她塑造成自己理想得以实现的人物。

阿尔弗雷德没有受过正规教育，但深谙世事，深明道理，因此玛格丽特

正能量
用信念改变自己

对他言听计从。他嗜书如命，不断追求知识，这一品格遗传到了女儿身上。

罗伯特斯从不接受"我不能""这太难"之类的说法。玛格丽特崇拜他，多年以后还记得他的警告："你必须自己拿主意，你不要因为朋友们的做法而去效仿，你不要因为害怕与众不同而随波逐流……你要率众之先，而决不从众。"

玛格丽特5岁时学钢琴，9岁时在当地文艺汇演中赢得诗歌朗诵奖，赛后女校长表扬她："玛格丽特，你真幸运。"玛格丽特充满稚气但又相当认真地说："我不是幸运，我应该赢得。"因为她深信自己是最优秀的。

就是依靠这种追求卓越的天性，玛格丽特·撒切尔夫人一步一步走上历史的辉煌、女性的辉煌。

只要你选准了目标，选对了适合自己的道路，并不顾一切地走下去，终能走向成功。确立了目标并坚定地"咬住"目标的人，才是最有力量的人。目标，是一切行动的前提。事业有成，是目标的赠予。确立了有价值的目标，才能较好地分配好自己的时间和精力，较准确地寻觅突破口，找到聚光的"焦点"，专心致志地向既定方向猛打猛冲。那些目标如一的人，能抛除一切杂念，会聚积起自己的所有力量，成为工作狂，全力以赴向目标的高地挺进。

实践告诉我们：每一个有目标追求的人，他们身上都散发出一股巨大的、无形的力量，将自身与事业有机地"结合"为一体。著名女音乐指挥家艾伦，谈起音乐作为她的目标时是那样一往情深："音乐与我的心结合在一起，它是从我的心里流出来的，是我的肺腑之言……当我把音乐作好，我就得到了最大的满足。这是我生活的目标，也是我从事指挥的意义所在……我热爱音乐，太热爱了!没有任何其他的事情可以超过它，也没有任何其他的事情能够让我这样投入。哪怕我走得再艰辛，我也不会放弃。"

由此可知，目标能唤醒人，调动人，塑造人，目标的伟力是难以估量的。有明确目标的人，生活必然充实有劲，决不会因无所事事而无聊。目标能使人不沉湎于现状，激励人不断进取，能引导人不断开发自身的潜能，去摘取成功桂冠。

设定明确的目标，是所有成就的出发点。百分之九十八的人之所以失败，原因就在于他们从来都没有设定自己明确的目标。

那么怎样设定目标呢？以下几点可供参考：

（1）明确目标的优点。

明确目标会发展出自力更生、个人进取心、想象力、热忱、自律和全力以赴的精神和态度，这些全都是成功的必备条件。

（2）将明确目标运用于工作。

从贫穷到富有，第一步是最困难的。其中的关键在于你必须了解，所有财富和物质的获得，都必须先建立清晰且明确的目标，当目标的追求变成一种执著时，你就会发现，你所有的行动都会带领你朝着这个目标迈进。

（3）订立计划。

把明确的目标写下来，可使你更清楚地了解你所希望的是什么，它可提醒你明确目标的力量，同时暴露出目标的缺点。

（4）成功是值得追求的目标。

有些人对于"追求成功"，抱着恶意批评的态度，他们认为富有的人，都是以牺牲他人作为致富的跳板，但是一个人想要成功，就必须付出大多数人不想付出的努力。

（5）创造机会。

凡是高喊"没有机会"的人，其实是在为自己的不愿承担责任和不愿动用想象力找借口。

无论经济如何不景气，每年都还是有许多人致富，惟一的限制，其实只存在这些人的心中。

有效运用第六感

通常,一个人所具有的真正实力很大一部分是做为潜力存在,没有得到发挥的,若能把它发掘出来,他可能会做出不平凡的业绩来,不可能的事也会陆陆续续地变成可能。

什么是亘古以来的主要奥秘?星际旅行?原子能的奥秘?不,都不是。那么到底,什么是这主要的奥秘呢?这在哪里可以找到它?又如何能吸取它并将它转化为行动?答案很简单。这奥秘就在你自己的第六感——潜意识(极大多数的人想不到的地方)中。在你的潜意识中,可以找到那奇妙、可以创造奇迹的力量。

意识是通过五种感官——听觉、视觉、味觉、嗅觉和触觉来接收外在的刺激,然后整理分析,最后确实认识。而潜意识会接受到更多由意识层面所遗漏的东西,它们不是透过语言或逻辑推理而得。这些信息经年累月的储存在脑里,是我们不曾察觉的。当它们浮现到意识层面、成为一种可辨认的感觉时,就是我们所说的"直觉"、"第六感"。也就是说,第六感是潜意识的漂浮物,并且是可以通过意识辨认的漂浮物。

你可以运用五种感官与实质的世界接触,第六感却必须通过大脑中潜意识的运作,结合宇宙中无形的力量。

从累积的经验而得到的知识,未必一定正确。而理论易受累积的经验所左右,所以它经常有错误之处。相形之下,创造性想象力所激发的创意之信赖性,要比经验的累积高。这是因为创意是从理论所不能涵盖的知识泉源中孕育而出之故。

天才与普通人最大的不同，大概是天才能发挥创造性想象力的力量，而普通人却缺乏这方面的知识。而且，惟有卓越的发明家才会善用创造性想象力，以及综合性想象力。譬如，卓越的发明家先利用综合性想象力（理论），重新组织经验中所得来的知识及定义。然后，如果所累积的知识不足发明所需，则使用创造性想象力来弥补所缺。用法因人而异，但必定会经过以下这两个过程：

（1）激荡自己的心，释放无限潜能。

一个人的内心，蕴藏着无穷的能量，只要懂得挖掘其中的潜能，就容易激发出无限的力量，使我们的人生有很大的改观，甚至创造出他人眼中的奇迹。

（2）集中精神于"已知"的整理，开发所欠缺的"未知"，将二者的合成描绘于心。

竭尽全力去思索，直到"完成图"于潜在意识之中成形为止。成形后，只要放松心情，静待灵感的到来即可。所谓"万事皆备，只待东风"。灵感有时迅速到来，有时却迟迟不至。若是有此现象，那么你就必须再加强磨炼你的第六感与直觉了。

成功的人都有一套改造大脑的方法，尽管有些人并不自觉。经常运用你的创造力，可以使你的第六感像其他五种感官一样敏锐。你是否想像他们一样，运用创造力实现梦想呢？

有一个方法可以有效地运用第六感，就是把你想要解决的问题，或想要达成的目标清楚而具体地写下来，然后每天像念祈祷词一样，重复念数次。如此可以使你产生强烈的信念，你甚至会看到自己已经如愿以偿。

如果一时之间并未产生预期的结果，继续尝试。每一次都要表示感恩，正如你已经达成目标一样。记住，一个人只要对自己的信念坚定不移，就没有做不到的事情。成功的关键在于你相信自己会成功。

你只要学会如何吸取，并发挥出你潜意识中所隐藏的力量，你就可以为你的生活带来更多的力量、健康、幸福和喜悦。你不需向外寻求这种力量，事实上你已经拥有它了。但是，你必须要学习如何去运用它。你要了解它，以便能将它应用于你生活中的每一部分。

根据理性来判断人的气质、性格往往并不确切，因为理性的判断或常识处理事物时都有一定的限度，较难借以察觉出真正自我。惟当突发状况之际，潜意识才会从内心深处对显意识送出精神信息，方可察觉真正自我的面目。换一句话说，潜意识和显意识终会合成一体，进而影响我们的想法和行动，因此除了自己可感觉到的意识之外，也要用心聆听心灵深处意识的表达。

我们所说的"敏感者"，应指善于利用潜意识的人。你生活的90%以上是属于潜意识的，因此无法利用这种奇妙力量的人，都是生活在一个极为狭隘的范围里。

拿破仑·希尔曾经说过："抱着微小希望的话，只能产生微小的结果，这就是人生。"人是有着无限的力量的，当一个人发挥出他的个性时，最能使人生有所发展。

事情不是你想象的那样

人们头脑中的猜测、想象，并非真实世界的呈现。许多时候，这种奇怪的想法会把我们引向错误的方向，最后做出许多傻事来。事情不是你想象的那样，别被错误的自我暗示误导，每个人都应有这种警醒。

无论是任何一种情绪都不是强大到不可战胜，只要你懂得看清它们，不要放大或是缩小，我们都可以战胜。坏情绪很多时候不是因为客观条件下产生的，而是来自于人的主观。一件原本并不是很严重的事，在人的坏情绪酝酿之下就变得无比可怕。

其实，很多人在度过了事情的危机以后会发现，事情并没有我们想象的那么糟糕，只是因为我们身处其中，让情绪左右了我们认知的方向，永远只看到坏的那一面。

有个人很喜欢旅游探险，一次他一个人到山里去旅游，坐在山路边休息时，脚被一只黄蜂蛰了一下。但是，他并没有发现那只黄蜂。他摸着脚腕上那个肿胀的包，心中感到非常恐惧。因为，他曾经听人家说过，这座山里生长着一种毒虫。而且，他还知道被毒虫咬了以后，只要走出十步，便会丧命。

想到这儿，那人的脚腕愈加肿疼了，开始传遍全身的每一根神经。他敢肯定自己是被咬了。幸亏，当时他在听人说这件事的时候，曾跟人家请教过解救的办法：只要原地不动，在心里默念"毒虫，毒虫"的咒语，到日落西山的时候，毒虫自然解除。

于是，他就站在那儿，默默地念着咒语。但是，他的内心仍然非常恐惧。火辣辣的太阳烤得他头晕目眩，他只是在急切的盼望着日落。结果，还未等到日落，他就晕倒在山上。

他被人送入山下的医院救治，医生们经过检查后发现，他是因为中暑晕倒的。待他醒过来之后，医生问他中暑的经过。他告诉医生，他在山上游览时可能是被毒虫咬了。医生听完后，竟哈哈大笑起来。然后，医生才告诉他，毒虫只是一种传说。

这个故事告诉我们，很多时候我们不是被自己的能力打败的，而是被我们想象中的恐惧打败的。恐惧是一种很容易传染的病菌，也许事情并不是你想象的那么坏，但是恐惧的病菌一旦进入你的身体，你就会变得忧郁和怯懦。

恐惧是我们每个人都会产生的心理状态，恐惧也是人类生存下来的一大功臣，因为有了恐惧，人类才能学会趋利避害，才会注意保护自己。但是如果我们过度的恐惧，就会变成草木皆兵，任何时候都害怕，任何问题都要逃避。

想要让事情全面地呈现在我们的情绪面前，我们就要学会用正确的态度看待这些问题，那正确的态度都是些什么呢？

（1）快乐需要你主动出击。

追求快乐之道，有一个大前提：那就是要了解快乐不是唾手可得的。它既非一份礼物，也不是一项权利；你得主动寻觅、努力追求，才能得到。当你领悟出自己不能呆坐在那儿等候快乐降临的时候，你就已经在追求快乐的路途上跨出了一大步。

（2）一个问题有很多答案。

每一件事都有很多面，不光是只有你死心眼认定的那一个。对事物应采取弹性的态度，不要冥顽不灵，记住任何最好的事都不一定只有一个。当然这并不是要你放弃实际、可行、梦寐以求的目标，而是鼓励你全力以赴，寻找多种适合你的方法，让梦想变为实现。

（3）只跟自己比。

从我们懂事以后，我们就感受到"成就"的压力，这种压力随着年龄的增长愈来愈强烈。因此年轻人处处想表现优异，以为自己一定要十全十美，别人才会接纳自己、喜欢自己。一旦发觉自己处处不如人时，就开始伤心、自卑，结果当然毫无快乐可言。

所以你应该用自己当衡量的标准，想想当初起步错在哪里，如今有无进展。如果你真的已经尽了力，相信一定会今天比昨天好，明天比今天更好。

（4）关心周围的人、事物。

假如你对某些人、事、物很关心的话，你对生命的看法一定会大大的改观。如果你只为自己活，相信你的生命就会变得很狭隘，处处受到局限。自我中心的人也许会不断地进步，但是却永远不易感到满足。

（5）不要太自信，也不能无信心。

过分乐观的人总以为自己一定能达成所有的目标，因忽略了沿途的险恶，极端悲观的人老是认为成功的希望非常渺茫，不敢迈步向前。这两种人都因此失去了许多机会。

选定目标时，态度要客观，判断要实际，不要太有把握、掉以轻心，也不可缺少信心、畏首畏尾。

（6）步调放慢一点才能享受沿途的风光。

你可能从早到晚忙这忙那，像个时钟似地团团转。可是当你停下来思索片刻时，会不会觉得不太舒服，不够满意呢？很多人只在乎结果，却失去了享受成功过程的机会，慢慢的走既能享受风景又能获得成功，这样不是更圆满一些吗？

接受生活中的不完美

世界上没有绝对的完美，只有相对的完美，不要为所谓的不完美去消耗和浪费我们宝贵的时光。人生中的许多事情不是因为完美才值得回忆，恰恰是因为缺憾才值得感动。把因不完美遗憾从心里删去，你会减轻许多生活的负荷。

这个社会、人类历史从古到今从来都没有一个人是完美的，所以我们也没必要刻意要求自己完美，而且我们也永远都不会完美。做人不要因为不完美就灰心丧气，不要因为不完美就不敢展示自己，不要因为不完美就不愿和别人交流，时刻告诉自己，不完美也是一种美。

我们嘴里如果一直有一块糖，时间长了，你就感觉不到甜是什么味道了。歌德曾经说过："十全十美是上天的尺度，而要达到十全十美的这种愿望,则是人类的尺度。"这个世界本来就不是完美的,完美是人自己主观想象出来的,是美好愿望,但愿望终究不是现实。

每个人的现实生活时时处处都有可能不完美,非要拿着想象去和现实碰撞,非要和完美较真,是自寻烦恼。有这样一个故事:

有个人非常幸运地得到一颗硕大而美丽的珍珠,他却觉得遗憾,因为珍珠上面有个小小的斑点。他想,若除去这个斑点,它该是多么完美呀!于是,他刮去了珍珠的一部分表层,但斑点还在;他又狠心刮去一层,但斑点依旧存在。于是他不断地刮下去。最后,斑点没有了,而珍珠也不复存在了。此人于是一病不起,临终前,他无比怅悔地对家人说:"当时我若不去计较那个小斑点,现在我手里还会攥着一颗硕大美丽的珍珠啊!"

其实,我们每个人的脚边都有彩贝,手里都有珍珠,只是我们不懂得珍惜,不善于享用,因而错过了多少好运,辜负了多少美丽。

追求完美即是不完美。生活中,多少失落、痛苦和不幸正是源于它。东方有句谚语:"金无足赤,人无完人。"现实就是这样的残酷,若过于执著且不肯变通,必然陷入完美主义的心理误区。欲除掉珍珠斑点的那个人一定是最痛苦的人。因为在他的眼中,看到的多是不完美,因而一次次与机遇擦肩而过,与成功遥遥相望,最终只落得两手空空。

过失与缺憾本就是人生的一大组成部分,只有经历过无数次的过失与缺憾,才能在风雨之后看到彩虹。很多的时候,我们都在追求所谓的完美,想要拥有完美的亲情,想要拥有完美的爱情,拥有一个完美的人生。其实,日有东升西落,月有阴晴圆缺,就连星星也有永恒和殒落。我们所谓的完美,也不过是在种种缺憾美对比之下的完美而已。不完美才是人生。这是一个"平民的真理"。接受不完美,是生存的智慧,是营造快乐人生的技巧。善于接受不完美者,必定会随处有缘,拥有幸福人生。

上帝是最公平的,他关闭了一扇门,同样会为你开启另一扇门。生活中的不完美恰恰是人生的最大魅力,因为不完美,所以总是想要做得更好,也因此出现许多杰出的人；因为不完美，所以人们更能珍惜现在所拥有的生活。正是生活中的不完美成就了人们追求完美的心。

而那些好高骛远，刻意追求完美的人，只能一辈子郁郁寡欢、心浮气躁、患得患失、喜怒无常，"小事不愿做，大事做不来"，所谓的"高标准""高追求"只能是黄粱一梦，最终一世潦倒。

只有真正做到平常却不消极、积极但不苛求的人才能真正获得成功和幸福。坦然接受生活中的不完美，并在这些不完美之中发现美、发现幸福才是生活告诉我们的幸福窍门。

幸福生活不在天涯海角，不在汪洋大海，五个简单的法宝就能让你找到最真实的幸福：

（1）为自己的目标做一个弹簧。

人的一生有起有落，我们不能保证总是向前走，总是走到正确的道路，所以不要对自己太苛求，按照自己的能力制定目标，过度的苛求只会让你陷入不能达到的焦虑中。

（2）时刻发现完美。

很多时候美就在我们眼前，只是我们太过于死板，认为鲜花只有完整的时候才是美的，其实被风雨打落花瓣的花也很漂亮。

（3）劳逸结合才能走的更远。

人不是机器，不仅需要休息，而且需要很好地休息，休息好了才能有好心情，也才能不断应对生活中的不完美。

（4）凡事往好的方面想。

生活中的不顺利是难免的，遇到什么不顺，你就要多想想这个不顺会给你所带来的经验，这也是一种收获。

（5）学会比较。

在你自信心不足的情况下，多往后看看那些不如你的人，然后再想想你的优势，这样，你的自信心会很快恢复。当然在你自信心增强的时候，也要向前看，毕竟这个世界每天都在突飞猛进不停地发展。

正能量
用信念改变自己

任何时候都看到希望

其实,生活在这个世界上的每一个人都不平凡,而实际看起来他很平凡,很缺少成为一个不平凡人所具有的能力,这是暂时的,不确定的,因为一个人的真正实力都有一个被激发,被挖掘的过程。这股巨大的力量可能正处于冬眠的状态中,需要不断的自我提升才能使它醒来。要发挥完全的自我,必须时时将此牢记在心。

人生百年转瞬尽。坎坷、挫折、失误、不幸常常冷不丁闯进我们的生活,让我们痛苦、流泪、倦怠。我们从此就远离了风平浪静,如同急流跌落险滩,航船遭遇暗礁,雄鹰卷进长风……从来造化注定生命以劫难,考验我们的意志,唯一的解脱就是让人生充满希望。

有一天,某个农夫的一头驴子不小心掉进一口枯井里,农夫绞尽了脑汁,还是想不出办法救出驴子,几个小时过去了,驴子还在井里痛苦地哀嚎着。

不得已,这位农夫决定放弃这头驴子,他想:反正这头驴子年纪也大了,不值得大费周章去把它救出来了。不过,这口枯井无论如何还是得填起来,既可以免得再次让人畜遭殃,也可以将这头驴子埋了,以免除它的痛苦。于是,农夫便请来左邻右舍帮忙。

农夫的邻居们人手一把铲子,开始将泥土铲进枯井中。当这头驴子了解到自己的处境时,刚开始哭得很凄惨。但出人意料的是,一会儿之后这头驴子就安静下来了。农夫好奇地探头往井底一看,出现在眼前的景象令他大吃一惊:当铲进井里的泥土落在驴子的背部时,驴子的反应令人称奇——它将泥土抖落在一旁,然后就马上站到了铲进的新泥土堆上面!

就这样,驴子将大家铲在它身上的泥土全数抖落在了井底,然后再站上去。很快,这只驴子便得意地上升到井口,然后在众人惊讶的表情中快步地跑开了。

这头驴子为什么能够得到解脱?正是它自己拯救了自己,是它的思想让自己从绝望中看到了希望。如同驴子的情况一样,在生命的旅程中,我们有的时候也难免会陷入枯井里,会被各式各样的泥沙倾倒在我们身上,而想要从这些枯井脱困的秘诀,就是将泥沙抖落掉,然后站到上面去。不论你遇到什么困难和挫折,不要把希望寄托在别人身上,只有你自己才是你的救星。

万事靠自己,这个世界才属于自己。困难是福份,它让我们变得坚强;挫折是财富,它让我们变得相信自己;绝望似灯塔,它让我们看到了希望;自己是神,因为自己的命运只有自己才能掌握。

希望是黑暗中的明灯,是寒冬的阳光,是一切怯懦和失败的克星。任何时候都不要放弃希望,只要还有梦想,只要仍存期待,只要不放弃努力,人生就会有很多机会和幸运等待着你,给你一个大大的惊喜,让你无限地享受人生的乐趣。如果把人生比作杠杆,希望就是它的"支点",具备这个恰当的支点,才可能成为一个强而有力的生命。

希望是生活的彩笔,只有充满了希望才能让生活多彩。那么要怎么做才能让生活随时都有希望的指引呢?

(1)定下目标。

希望总是与实现目标相联系的,所以如何设定目标就成为开发希望潜能的第一步。合适的目标设置会影响你的动机水平、努力和坚持不懈的程度,也会影响你为实现目标而寻找创造性途径的意愿和能力。

(2)把目标变得有弹性。

弹性目标有足够的难度,可以激发你的兴奋程度和探索精神,却又没有困难到你完全无法实现，如果你足够努力的话，它们会给你"试验"的机会，并能让你对成功有合理的期望。

（3）一步一步地走。

要想实现充满希望的目标，分步前进是一个必不可少的成分。在分步前进的过程中，困难的、长期的、甚至看似无法完成的目标被分解成更小的、更容易实现的一个个"里程碑"。通过不断建立小的"里程碑"，逐渐向最终目标靠近。这种逐步实现目标的过程，能够让你增加对自己实现目标的信心和勇气，也能让你有机会验证最初设计的通向目标的途径是否正确，从而为成功地迎接下一个挑战夯实了更具持续性的基础。

（4）找到志同道合的人一起上路。

实现目标的过程可能是漫长而又痛苦的，需要付出很多努力，也会遇到很多困难，如果孤军奋战，可能很快就会把自己的斗志和毅力消耗殆尽，可以寻找一些有和你相似目标的人组成团队，大家在遇到相似困难时可以彼此支持，共同寻找其他解决途径；如果你找不到有相似目标的人，也没关系，别忘了你还有家人和朋友。

六　情绪正能量
努力对抗负面情绪才会掌控命运 <<<<<<<<

　　平和的心绪和理智的行为是克服忧虑的一大法宝。保持一个良好的心态，不必为暂时的挫折和无奈而灰心丧气。情绪是个顽皮的孩子，当你有办法控制它的时候，它就会为你的成功添砖加瓦；但是如果你放任它的话，它就会给你制造很多麻烦，甚至阻挡你前进的步伐。

　　控制好自己的情绪，做自己的情绪的主人，和负面情绪诀别，自然可以提升自控力，掌握个人命运。

——引自卡耐基《人性的弱点》

情绪化让你坏大事

当对情绪变化的奥秘有了一定的了解之后,对于自己千变万化的个性,你就不会再听之任之。做人、做事不情绪化,行动才能按部就班、符合目标的要求,这样才能掌握自己的命运,成就辉煌的事业。

情绪无所谓好坏,它只是身体给我们的一个信号。它告诉我们:我们内心深处的期待、欲求、向往。它会用欢欣、轻快、沉醉等好的感受,给生活增添乐趣和色彩。它也会用愤怒、失望、焦虑等令人不适的感受,促使人们去调整,去行动,去改变,去争取自己真正想要的东西。情绪,是我们最忠实、体贴的朋友。

别害怕自己的情绪化,我们只需要冷静地看清它,接受它,关怀它,用智慧的方法宣泄和处理它。安东尼·罗宾斯说过:"成功的秘诀就在于懂得怎样控制痛苦与快乐这股力量,而不为这股力量所反制。如果你能做到这点,就能掌握住自己的人生,反之,你的人生就无法掌握。"

很多时候,坏事的不是你的能力或智慧,而是你没有控制住自己的情绪。因为,控制好了情绪,才能做事游刃有余,扫清成功之路上的障碍。

加强工作中的情绪管理能力,可从两个方面改善:一是对情绪的觉察能力,只有及时发现情绪的出现,才能有意识地在初期去控制情绪;二是对情绪的理解能力,只有深刻理解了表层情绪背后的含义,才能真正消融它。

强烈情绪的产生,通常有一个过程,初期的小波澜处理起来相对容易。

正能量
用信念改变自己

诸如，在日常生活当中，很多突发事件会让我们心生急躁，内心波涛翻涌个不停，直到忍无可忍"突然爆发"。如果你能感受到情绪的变化，及时对自己叫停，很可能结果会是另一个样子。

情绪上变化时，身体会发出信号。如愤怒情绪来临，通常我们会呼吸急促，心跳加速，下颚肌肉紧张，手臂发麻，四肢有充血的感觉，可能会不由自主咬紧牙关、握紧拳头……如果发现这些身体语言，当务之急，第一时间对自己当头棒喝：我已经被别人影响，被情绪控制了！

棒喝之下，常常一个激灵会清醒过来。如果棒喝后，发现情绪指数还在飙升，赶紧喝口水，或者起身去上"洗手间"……总之，以任何可能的方式，将注意力从刺激源上转移开，避免情绪进一步恶化。

平时，我们要有意识地加强对情绪觉察能力的训练，注意观察体会在不同情绪时，自己会呈现什么状态，逐步训练自己更敏锐更有知觉力。

当负面情绪不请自来时，也别责备自己，请告诉自己："我有权利生气（沮丧、悲伤、寂寞等）。感觉到不舒服，是因为我的需要是……而这件事让我……"温和地安抚自己，找出是一个什么念头触动了这种情绪。

然后，你需要继续问自己："如何尽量弥补我的失落？我可以为此做些什么？"思考清楚这些，你就可以积极行动起来，扭转局面。比如，让头脑运转，积极思考出路，代替无名的焦虑；想办法增加自己的技能，而不是为不自信局促不安；主动去和人攀谈，而非为寂寞伤感；去寻找有趣的活动，而不是在空虚中沉浸下去。

成就大业的人，都遵循着一个千古永恒的秘诀：弱者任思绪控制行为，强者让行为控制思绪。想要在生活中更幸福、在工作上更顺心、在事业上更如意，首先要做一个掌控自我情绪的人，从而在理性思维的指导下明是非、知进退，甚至把坏事变成好事。

（1）要承认自己情绪的弱点。

我们一定要认识自己情绪世界中的弱点和短处，不要回避，不要视而不见。一定要认真分析自己容易暴躁的原因是什么？在什么情况下容易激动？然后再找一些方法去克服它。这样做的好处是：可以随时随地提醒自己去克服这个情绪上的弱点。

（2）要放松自己的心情。

当发觉自己的情感激动起来时，为了避免立即爆发，可以有意识地转移话题或做点儿别的事情来分散自己的注意力，把思想感情转移到其他活动上，使紧张的情绪松弛下来。这样不仅能放松情绪，还能让你做事更加理性更容易获得成功。

（3）要学会正确评价身边的人和事。

要学会全面观察问题，从多个角度、多种观点进行多方面的观察，并能深入到现实中去。这样能使自己发现原来发现不了的意义和价值，使自己乐观一点，还会增加我们克服困难的勇气，增加自己的希望、信心，即使遇到严重挫折也不会气馁，不会打退堂鼓。

凡事多一些理性思考，少一些任性姿态，你就能把不良情绪这个魔鬼关在牢笼里，战胜那些企图摧毁你的力量。

控制情绪，激发潜能

情绪影响人的潜能发挥，尤其是不好的情绪让人丧失理性，已有的想象力也会远离正向发展的轨道，不会产生正向力量。一个人懂得控制自己的情绪，通过情商的培养，达到不彷徨、不失态、不失控。

冲突水平维持在怎样的程度，依赖于领导者的直觉能力和领导艺术，这需要在实践当中去体验和提高。

正能量
用信念改变自己

一天，美国前陆军部长斯坦顿来到林肯那里，气呼呼地说一位少将用侮辱的话指责他偏袒一些人。林肯建议斯坦顿写一封内容尖刻的信回敬那家伙。"可以狠狠地骂他一顿。"林肯说。斯坦顿立刻写了一封措辞强烈的信，然后拿给总统看。

"对了，对了。"林肯高声叫好："要的就是这个！好好训他一顿，真写绝了，斯坦顿。"

但是，当斯坦顿把信叠好装进信封里时，林肯却叫住他，问道："你干什么？"

"寄出去呀。"斯坦顿有些摸不着头脑了。

"不要胡闹！"林肯大声说，"这封信不能发，快把它扔到炉子里去。凡是生气时写的信，我都是这么处理的。这封信写的时候你已经解了气，现在感觉好多了吧，那么就请你把它烧掉，再写第二封信吧。"

林肯是在教下属控制自己的情绪。组织行为学上称其为"自我监控能力"。林肯控制情绪的方式不失为培养自我监控能力的一条有效途径。

在生活中，因为各种烦心的琐事，我们都会或多或少地产生不良情绪。这些不好的情绪如果控制得当，就能激发出你的潜能，成就一番功业。

其实，控制情绪是对情绪的一种选择，即抑制不良情绪，使自己转向正面、积极的情绪。如果选择正确、控制到位，就容易在复杂的局面中掌握主动权，而是你好情绪的一种选择，控制好情绪自然会激发更多的潜能。

因此，在潜能的激发面前，很多人会把功劳归在不良情绪上，但其实真正的功臣是情绪的自我调节。如果你学不会把糟糕的情绪转化为积极的情绪，那么成功也一样遥遥无期。

那么，怎样才能把坏情绪转化为成功的动力呢？

（1）正确评价自己，不要过高或过低的看待自己。

对自己有清醒的认识，才能在绝望的时候不放弃自己，失落的时候不小看自己，骄傲的时候不高估自己。对自己有正确的认识，做自己可以胜任的事情，对自己有一个合理的预期和评价。这样你才能在不断的进步和满足中一步一步走向成功。

（2）培养独立的人格，做自己的主人。

认识自己的原则，知道什么是你坚持的，什么是你不能容忍的，人云亦云并不能帮你找到解决的办法，反而会让你陷入迷雾之中，最后一点一点地迷失了自己。在你不知如何选择的时候，可以告诉自己"我是在为自己生活，而不是为了别人"。

（3）多发现亲人朋友对自己的爱和帮助。

任何人，无论是成熟的大人还是孩子，都需要他人的帮助，而家人是你最忠实的支持者。也只有家人的爱才是最无私最温暖的，多发现他们的爱可以让你更有信心面对生活中的困难和挫折。

（4）从多角度审视自己，发现自己的美。

每个人都需要在多角度中审视自我、调整自我，不断地发现自己身上的优点，以此鼓励自己，指引自己，并不断地朝理想和成功迈进。

（5）自我安慰与自我暗示。

情绪低落时，要学会自我安慰，自我安慰有两种形式："酸葡萄式"和"甜柠檬式"。"酸葡萄式"是指人们想要却得不到的东西，就故意说它不好，即吃不到葡萄就说葡萄是酸的。"甜柠檬式"是指人们对我拥有的东西，相信它是最好的，并真心地接纳和认同。这种看似消极的做法，对情绪调整、平衡心态有着积极的意义。

同时，在情绪不好时，要学会从积极的方面暗示自我。设计一些积极的语言来暗示自我。如情绪低落的人，总是对自己说"今天心情不错"，"我今天感觉非常好"；容易愤怒的人，可以不可以暗示自己"我要冷静些，发怒是解决不了问题的"。另外，可以不可以改变一些行为以调整情绪，例如改变面部表情，对自己微笑，改变行走姿势，抬头挺胸，昂首阔步等。

别为打翻的牛奶哭泣

　　已经发生的事情,就理性地面对吧,为打翻的牛奶而哭泣,没有任何的实际意义承认现实,让自己保持一份平淡,这才是现实的人生态度。

　　生活中,我们不但要学会记忆,而且要学会忘记过去。忘记对于痛苦来说是一种解脱,对于疲惫来说是宽慰,对于自我是一种升华。在人生的路途中,如果把什么爱恨情仇、功名利禄、恩恩怨怨、是是非非等都牢记在心中,那就等于背上了沉重的十字架,无形的枷锁会使生命活得很苦很累,以至精神萎靡、心力交瘁,生命之舟就会无所依存,就会在茫茫大海中迷航,甚至有倾覆的危险。如果我们学会忘记过去,把不该记忆的东西统统忘掉,那就会给我们带来心境的愉快和精神的轻松。

　　学会忘记,能走出失败的阴影,走出自卑的泥潭,走出痛苦的深渊,重新认识自己,要学会忘记。所以,要经常进行自我心理调节,想大一点,想远一点,想开一点。对已经过去的无关紧要的事,要糊涂一点,淡化一点,宽容一点,朦胧一点,及时将这些东西从大脑这个仓库中"清除"出去,不让它们在记忆中占有一席之地。学会了忘记,我们就是一个健康的人,成熟的人,就能放下过去那日益沉重的包袱,轻装上阵,精力充沛地面对现在,信心百倍地去迎接明天,创造亮丽的生命风景线。

　　泰戈尔说过:"当你为错过星星而伤神时,你也将错过月亮。"无论你快乐或者痛苦,生活是不会因此而放慢脚步的。人生是一个过程,而不是一种结果,所以人一生就是把无数明天变为今天,再把今天变为昨天的过程。

就算我们错过了昨天，还有好多可以把握的今天。

保罗博士曾给他的学生上过一堂难忘的课。这一个班多数学生为过去的成绩感到不安。他们总是在交完试卷后充满了忧虑，担心自己不能及格，以致影响了下阶段的学习。

有一天，保罗博士在实验室讲课，他先把一瓶牛奶放在桌子上，沉默不语。学生们不明白这瓶牛奶和所学课程有什么关系，只是静静地坐着。忽然，保罗博士站了起来，一巴掌把那瓶牛奶打翻在水槽之中，同时大声喊了一句："不要为打翻的牛奶哭泣！"然后，他让所有的学生围拢到水槽前，仔细看那破碎的瓶子和流淌的牛奶。

接着，博士一字一句地说："你们仔细看一看，我希望你们永远记住这个道理。牛奶已经光了，不论你怎样后悔和抱怨，都没有办法取回一滴。你们要是事先想一想，加以预防，那瓶奶还可以保住，可是现在晚了，我们现在所能做到的，就是把它忘记，然后注意下一件事。"

生活中，人们常常做着背道而驰的事情。应当说，你可以设法改变三分钟以前所发生事情产生的后果，但不可能改变三分钟之前发生的事情。唯一能使过去成为有价值的办法是，以平静的态度分析当时所犯的错误，从错误中得到刻骨铭心的教训——然后再把错误忘掉。

著名的棒球手康尼·马克，谈过他对于输球的烦恼问题："过去我常常这样做，为输球而烦恼不已。现在我已经不干这种傻事了。既然已经成为过去，何必沉浸在痛苦的深渊里呢？流入河中的水，是不能取回来的。"

不错，流入河中的水是不能取回的，打翻的牛奶也不能重新收集起来。但是你可以在事情发生后采取积极的态度，而不是沉浸在伤感、后悔的气氛里。

一位前重量级拳王谈到失败时说："比赛的时候，我忽然感到自己似乎老了许多。打到第十回合，我的面部肿了起来，浑身伤痕累累，两只眼睛疼得几乎睁不开，只是没有倒下罢了。我模糊地看见裁判员高举起对方的右手,宣布他获得比赛的胜利。我不再是拳王了。"

以后的日子怎么过呢?昔日的拳王尝试再次比赛,企图找回自信,但是没能如愿。接着,他面对现实,告诉自己不必生活在过去,要承受住打击,决不能让失败打倒自己。

这位前重量级拳王实现了他的诺言。他承认了失败的事实,跳出烦恼的深渊,努力忘掉一切,集中精神筹划未来。他的成就是经营比赛、宣传和展览。他使自己忙于具有建设性的工作,没有时间为过去烦恼。这使他感到现时的生活比当拳王时的生活还要快乐。

他在不知不觉之中实践着莎士比亚的一句名言:"聪明人永远不会坐在那里为他们的损失而哀叹,却情愿去寻找办法来弥补他们的损失。"

情绪不好时转移注意力

生活中我们常常会陷入情绪焦虑的泥潭,对此解决的最好方法就是你不妨转移一下注意力,把精力放到其他事情上去。这样一来,你就可以远离苦痛,并避免作出错误的决定。

人类时时处处受到情绪的影响。情绪好坏直接影响到人们的身体健康。人的情绪与健康长寿有着密切的关系。

紧张、激动、发怒、委屈、忧伤和喜悦等情绪可以引起人体一系列生理功能的变化。它们能使人发生心动过速或心动过缓、心前区疼痛、血压升高等症状,造成冠状动脉闭塞,心肌损害,直至脑血管破裂而使人丧命。在胃肠方面,能使人食欲不振、恶心、呕吐、腹泻等。呼吸道方面,能使人出现呼吸加快、气喘、胸闷等症状。表现在皮肤上，可使人发生神经性皮炎、皮疹、白发、脱发、斑秃、多汗等。在内分泌方面，能使人发生月经不调、乳汁分泌减少、糖尿病等。恶劣的情绪使人发病，并不像病菌、病毒那样直接，而是通过大脑皮层、神经和内分泌等功能而悄悄地发生作用。

人类对心灵创伤而暴毙的说法流传已久。从有文字记载开始，就已有了关于人在恐惧、盛怒、屈辱或狂喜时突然去世的记述。一个人在失去至亲、或面临悲伤、惊恐、失败或喜庆等事情时，会引起人体的血压升高。此时，可由于心脏受不住压力而突然死去。所以，在出现易引起情绪变化的事件时，也要克制。养成良好的处理突发事件的习惯，处变不惊，才是生活的最好准则。

当你情绪激动时，为了使它不至于爆发和难以控制，可以有意识地转移注意力，把注意力从引起不良情绪反应的刺激情境转移到其他事物或活动上去。

专注地想那些糟糕事，会陷入思维沉迷与情绪紊乱状态；如果你将注意力转移，对了原来痛苦的体验便会被阻隔。情绪的帆船需要自己来为它掌舵，在遇到坏情绪的时候，转向另一个方面可以避免情绪触礁，保持好的心情状态。

很多年前，一个美国人在西部地区开了一家汽车修理店。但是他受到了一群年轻人的骚扰，他们每天跑到他的店门口大喊"这里不欢迎你"。为此，这个美国人很郁闷。但很快他想到一个办法。第二天，他对着这群再次光顾的年轻人宣布：从明天起，凡是欢迎他到这里开店的人都会得到一美元。

第二天，美国人微笑着面对这些兴高采烈跑来高喊"欢迎你"的年轻人发钱，但只给了他们每个人五美分，说今天只能付那么多。尽管没有得到一美元，这群人依然很高兴。

第三天，美国人只给他们每个人一美分。由于一美分实在太少，不再具有激励作用，他们向美国人提出抗议。美国人还是带着微笑向他们说："我不可能付更多的钱。你们要么拿一美分，要么就离开。"于是，这群年轻人悻悻地离开了，临走前还冲着美国人说："你当我们是什么人了？只出一美分就想让我们欢迎你，我们才没那么傻呢！"

这个聪明的美国人之所以能成功地"击退"这些年轻人，就在于他巧妙地利用了注意力转移法。显然，与其跟这些年轻人发怒，不如转移他们的注意力，避免发生正面冲突，把矛盾化于无形。

遇到麻烦的时候，人们习惯于发怒，这样不但扰乱了自己的心性，也会作出错误的决定，无助于解决问题。因此，聪明的做法是转移一下注意力，让自己冷静下来，寻找解决问题的方法。

转移注意力是一种非常有效的自我控制法，但是很多人并不真正理解要如何进行转移，其实转移注意力可以通过以下几个途径：

（1）当出现坏情绪的时候，把注意力转移到使自己感兴趣的事情上去。

例如散步、看电影、电视、读书、打球、聊天，这些让人觉得轻松的事情可以在很大程度上转移你的注意力。它不仅有效地中止了不良刺激的作用，防止不良情绪的蔓延，还通过参与新的活动特别是自己感兴趣的活动而达到增强积极情绪的目的。

（2）把注意力转移到这件事的另一个方面去，就是换一个角度看同一件事。

同样的一句话，在寻找讨厌的理由时，这句话就是坏话，没安好心；在寻找喜欢的理由时，这句话就是好话，肺腑之言。产生如此大差别的根源就在一个点上，就是你的注意力。所以，改变情绪最有效且最简单的一种方法就是改变我们对这件事的注意力。

（3）通过吟诗来转移注意力。

据说在意大利的不少药店里，有的药盒里装的不是药，而是由心理学家及文学家共同设计选编的诗歌，患者通过大声吟诵就能缓解疼痛。

（4）数颜色也是一个不错的转移注意力办法。

当你感到怒不可遏的时候，尽快停下手中的事情，独自找一个没有人的地方。首先，环顾四周的景物，然后在心里自言自语：那是一面白色的墙壁，那是一张浅黄色的桌子，那是一把深色的椅子，那是一个绿色的文件柜……一直数到12，大约疏导30秒左右，通过这种办法，可以把你的注意力从坏情绪中解脱出来，以免你在坏情绪里越陷越深。

挫折，让生命更精彩

挫折，是强者磨砺自我的基石。一个人只有经历过挫折的洗礼，才会真正在心智上成熟起来，才能对环境具备真正的适应能力。经过这种考验，一个人就真正走向了成熟，成为能轻松掌控自己的智者。

每一次挫折就是一次认知水平的提高，一次人生阅历的丰富。挫折是最好的老师，是一笔财富，它能让我们开阔视野，明白事理，懂得生活，升华人生。积累得越多，人越成熟；挫折得越多，生命越深厚。丰满的人生就是依靠不断的挫折铸就而成的。

挫折，也许会给我们带来痛苦、失落和遗憾，但就是因此，我们的毅力也会因痛苦的磨炼而坚强，思想也会因碰撞的触动而深邃，心灵也会因生活的砥砺而净化。

经历过失败，我们才会更好地把握成功的时机；经历过痛苦，我们才会更懂得怎样去创造快乐；经历过失去，我们才不会轻易放弃自己的所爱；经历过病残，我们才会更懂得享受精神的收获。同时，我们也学会了许多生活的经验，学会了怎样承受压力，怎样勇敢地面对困境，走出自我的浅薄，走出忧愁的叹息，走出厄运的阴影，去迎接风雨；学会了怎样在磕磕碰碰、坑坑洼洼中站稳；更深刻地体会到了拥有的幸福，失去的珍贵。

通常，人越是身处过逆境、遭受过痛苦和不幸，越能激发激情与斗志，成就一番事业，铸就人生辉煌。

人，是由无数次挫折的积累而逐步走向成熟的。只有不断挫折，不断尝试，才能不断成熟，不断完善。单一意味着平庸和浅薄，多一份挫折就会多一次磨炼，多一次积累经验的机会。一次挫折就是一份财富，让你受益终生。

"处于不幸之时要保持觉醒。"斯迈尔斯曾这样说过。病人，遭受过挫折、失败打击的人，他们都很容易产生出自己运气不好的错觉。在这个时候，请务必睁开双眼，更加敞开心怀，观察他人的境遇，人未必都是只有成功没有失败的，一定会有去闯失败、逆境的险关，付出加倍努力的人。

你有没有考虑过，有多少人处于与自己相同的境地呢？绝不会有只属于你自己一个人的独特疾病。同一种疾病总有许多人在同样承受着。

美国曾有一位坐轮椅的总统。一般人的身体需要轮椅时，便已很难参加社会活动了，可是，这位总统的工作却极为出色，他与别人的不同之处，便是从不为自己的人生做辩解，而是努力克服身体上的障碍，将自己所能做的事情善始善终。他就是美国历史上最伟大的总统之一罗斯福。

在困境中能够承受一般人所不能承受的困难，能够抬起头来的人，他们具有共同的特点：

第一点，面对逆境、困境绝不责怪他人，绝不埋怨他人或命运。这是因为他们深知从反面去做是毫无益处的。

第二点，去承受被赐予的命运。不要考虑有这样的命运如何是好，而应该从正面去承受厄运、逆境。这就是承认现实，而后考虑如何在这种现实中复苏。决心去承受厄运的现实就是勇气。

第三点，他们必定能从逆境中找出教训。逆境要告诉自己什么？如果找出了答案，这个答案将成为心灵之宝，变为终生的财富。

我们没有人愿意遭逢逆境，但是，当生活露出它严酷一面的时候，退缩、抱怨和哭泣都没有任何意义。不妨让我们记住这样几句话：我们改变不了环境，但我们可以改变自己；我们改变不了事实，但我们可以改变态度；我们不能样样顺利，但我们可以事事尽心。任何不好的事情，不过是一个概念，我们怎样看待它，它就会反馈给我们相对应的信息。

如果生命中没有挫折，生命就平淡得好似一杯白开水而没有味道；如果生命中没有挫折，生命就像一望无垠的沙漠而没有绿洲，如果生命中没有挫折，生命就像一潭死水而没有涟漪。试问，这样的生命又有什么意义呢？

古埃及有位隐士说过："我的一生是富有的，因为我都曾经历过。"也愿我们都带着这份昂扬的斗志，所向披靡地多多经历人生的各种滋味，变为一个真正富有的人。

学会用努力战胜怒气

当你无法控制自己的怒气时，不妨大声宣布说自己错了，这一声明迫使自己对自己的言行负责，对动怒是一种压力。在即将动怒前，及时地转移自己的注意力，找一件轻松而有意义的事做一做、想一想，而后通过新的努力使其为你服务。

每个人在这个世界上都是独一无二的。随着年龄的增长，我们需要去面对不同的环境，需要去处理不同的人际关系，需要去从事不同的职业……人生中的许多事情需要我们独自去面对。这一切，与做人做事是密不可分的。

做人做事是一门独特的艺术，同样是一门丰富的学问。它涉及生活中的各个方面，甚至可以说它无所不包，无所不容。一件看上去微不足道的小事所折射的人生哲理，也许会影响你的一生，从而改变你的整个命运。而一次微小的失误，同样能使你前功尽弃，丧失远大前程。

相同的一群人站在命运的起跑线上，开始一场人生的马拉松赛跑。通过一段时间的跋涉和努力，有人会因艰苦劳累而放慢脚步，有人会因方法不当而倍感挫败，有人会因缺乏自信而中途放弃，同样，也有人会坚持不懈、勇往向前，直至获得最后的胜利。为什么同样的开始，却呈现出截然不同的结局呢？这其中蕴含着许多做人、做事的哲理。这些哲理能够充实人的心灵，改变人的行为方式，使一个人能从平庸的人群中脱颖而出，步入杰出人士的行列。

做人是处世的根本，是形象塑造、自我提升、人际关系的综合体现；做事是持之以恒、战胜逆境、迈向事业辉煌和成功的关键所在。在日常生活中，做人做事的哲理经常是互相渗透、密切交融的。学会了做人，自然会牵动事业的发展和腾飞；学会了做事，同样会反过来对做人有所裨益。两者互为促进，相得益彰。

生活是自己创造的，命运掌握在每个人自己的手中。虽然我们会面临来自生活、社会和工作的各种压力和困难，但如果我们能从自身入手，努力使自己的处世方法、工作态度、努力程度、思维方式和心态信念都往好的、积极的、有益的方面迈进，用心去学习，去聆听，去磨练，去感悟，成功一定会最后属于你。

生活中常常会不可避免地遇到这样的事情：有人兴冲冲地赴恋人的约会时却在路上交通堵塞；公共汽车上被别人不小心踩了一脚；买东西时，服务员对人极不礼貌。这时，人往往会不由自主地感到愤怒。

愤怒并不能帮助人解决任何问题。相反，无论在人际交往还是在自我身心健康上，愤怒可以使人情绪消沉，可以阻碍人们之间的情感交流；从生理学来讲，愤怒则可以导致高血压等疾病的产生。

也许有人会认为这是危言耸听，愤怒只不过是人的一种天性，至少发火比一个人独自生闷气有助于身心健康，但值得注意的是在事与愿违的情况下，并不是除了愤怒和生闷气，别无他法。其实，应该采取更好的方法……努力战胜怒气，不动怒，用理解和幽默的方式使自己的心理达到平衡状态。

如果我们现在正是资浅位卑的时候，也未免不会有郁郁不得志之感，如果徒然愤愤于色，进而更玩忽职守，这样不但遭人嫌恶，而且也是在事业上自掘坟墓，你不妨照用客观的态度，加以反省，你便不会为情绪所误了。

纽约电气大王爱特列治于怒不可遏时，写信泄愤，一经写出，愤激的情绪，便立刻松弛下来。但这种泄愤的信，他常常把它留了下来，决不立刻发出，腾出一些时间来想一想，这将引起什么样的后果？

客观事物总是不以人们的意志为转移的。无论自己的愿望怎么好，想法如何正确，在大多数情况下，都必须按客观实际情况来办事。你可以不喜欢一个人，但这个人并不因为你不喜欢而不存在；你也可以对一些事情有异议，但它们不会因为你对这些事情存在异议而消失。由此可见，你必须要学会努力战胜怒气。

好情绪缘于自我管理

没有人天生好脾气，良好的情绪掌控能力更多是依靠自我管理来实现的。只要注意在日常生活中练习情绪调节术，上好每一堂情绪课，自然可以管好自己，赢得良好的人际关系。

一个懂得自我管理的人在受到挫折时不会垂头丧气，在成功时不会趾高气扬，在冲动时不会横冲直撞，他会很快而有效地消除不良情绪，延续积极情绪，从而使自己保持好心态。心态好，遇到任何事情都能乐观面对，自然天天都有一份好心情，有了这样的情绪状态，难事不难，往往一切都会尽在掌握。

为什么自我管理有如此神奇的魅力？因为良好的自我管理能培养出一个

好情绪，而好情绪又可以帮助自己管理好行为，由此形成了一个良性循环，不断地促进自身的进步和成长。一个能管理好自己情绪的人当然就能获得更多成功的机会，能得到更多人的亲睐。

艾达是一个化妆品的售货员。有一天，她遇到一位女士，她非常挑剔。艾达已经为她推荐了好几款化妆品了，但是她不是嫌太贵，就是觉得不够好，最后她竟然开始咒骂艾达："小姐，作为一个售货员，你太不专业了，不能为顾客挑选到合适的东西，这是你严重的过失。"

大家心里都为艾达不平，以为艾达一定会狠狠的骂一顿这个不讲理的顾客。但是艾达居然还是微笑着对这位女士说："真的对不起，没有为你挑选到合适的产品，不如你再把要求详细说一说，我多为您推荐一些好吗？"

几天以后，艾达被升为这个化妆品的部门经理，原来那天那个难缠的女士是这个化妆品品牌的总经理。当总经理问艾达为什么不生气时，艾达说："我当时真的很生气，但是我争吵并不是发泄我坏情绪最好的办法，所以我要管好它，不要让它跑出来影响我的工作。"

其实每个人都会有一些坏情绪，这是正常的。但是一个心理健康的人不会否定自己情绪的存在，而是选择合适的时间、地点来发泄自己的负面情绪，尽量把这个糟糕的情绪带来的坏影响降到最低，这就是自我管理对情绪的重要性。

那么，如何进行自我管理呢？大家不妨可以尝试以下的方法：

（1）体察自己的情绪。

也就是时时提醒自己注意"我现在的情绪是什么"。有许多人认为，人不应该有情绪，所以不肯承认自己有负面的情绪。要知道，人一定会有情绪的，压抑情绪反而带来更不好的结果。学着体察自己的情绪，是情绪管理的第一步。

（2）适当表达自己的情绪。

如何适当表达情绪，是一门艺术，需要用心地体会、揣摩，更重要的是，要确实用到生活当中去。

（3）以合宜的方式缓解情绪。

缓解情绪的方法很多，有些人会痛哭一场，有些人会找三五个好友诉苦一番，另外些人会逛街、听音乐、散步或逼自己做些别的事情，以免想起不愉快的事情。

（4）晒太阳。

精神病专家缪勒指出，阳光可改善抑郁病人的病情。有研究发现，当黑夜来临时，人体大脑松果体的褪黑激素分泌增强，它能影响人的情绪，而光照可抑制此激素分泌。

（5）加强体育锻炼。

通过体育锻炼能调整机体的植物神经功能，减轻因植物神经功能失调而引起的紧张、激怒、焦虑、抑郁等状态。

（6）用色彩调节心情。

从服饰到家中、办公室的环境，在冬季有意识地变换或增加一些鲜艳、温暖的颜色，帮助自己变得开朗、自信。

（7）注意饮食调节。

多吃富含维生素C的新鲜蔬菜和水果，以及富含维生素B_1、B_2的豆类、乳类、花生、动物内脏等。若维生素C和B族维生素缺乏，可影响大脑的功能和情绪。德国营养心理学家帕德尔教授发现，香蕉含有一种能帮助人脑产生五羟色氨的物质，它可减少不良激素的分泌，使人安静、快活。

（8）大声哭喊。

找个僻静的所在，尽情地大声哭喊。日本心理专家研究发现，这种哭喊可使压抑心理得到尽情宣泄；同时，由不良情绪产生的毒素，也可"哭喊"出来。

（9）听音乐。

音乐可使大脑产生一种镇静安神的物质，但要选择"对路"的音乐。

（10）赏花草山水。

花草的颜色和气味，有调解人情绪的作用。至于青山绿水，莺歌燕舞，会将你置于美好的情境中，心情便会被"快活化"。

（11）打木偶。

将木偶贴上让自己不顺心者的名字或事件名称，然后拼命击打。过后，人不再憋闷，心情自然就会好起来。

（12）自我安慰。

可以找一些适当的理由告诉自己，这样可以帮助你在挫折前接受现实哦，来保持自己乐观的心态。

（13）睡好觉。

睡眠有助于克服恶劣情绪，稳心定神。一觉醒来，心情就会好多了。

浮躁，让远大理想化为泡影

浮躁是一种情绪，一种并不可取的生活态度。人浮躁了，会终日处在又忙又烦的应急状态中，脾气会暴躁，神经会紧绷，长久下来，会被生活的急流所挟裹。凡成事者，要心存高远，更要脚踏实地，这个道理并不难懂。

在我们的心灵深处，总有一种力量使我们茫然不安，让我们无法宁静，这种力量叫浮躁。浮躁就是心浮气躁，是成功、幸福和快乐最大的敌人。从某种意义上讲，浮躁不仅是人生最大的敌人，而且还是各种心理疾病的根源，它的表现形式呈现多样性，已渗透到我们的日常生活和工作中。可以这样说，我们的一生是同浮躁斗争的一生。

浮躁常常表现为：心浮气躁，朝三暮四，浅尝辄止；自寻烦恼，喜怒无常；焦虑不安，患得患失……

人间的攀比是产生浮躁心理的直接原因："人比人，气死人"。通过攀比，对社会生存环境不适应，对自己生存状态不满意，于是过火的欲望油然而生，因而使人们显得异常脆弱、敏感、冒险，稍有"诱惑"就会盲从。

浮躁是一种冲动性、情绪性、盲动性相交织的病态社会心理，它与艰苦创业、脚踏实地、励精图治、公平竞争是相对立的。浮躁使人失去对自我的准确定位，使人随波逐流、盲目行动，对组织、国家及整个社会的正常运作极为有害，必须予以纠正。

如果我们能够坚持，真正的静下心来，认真地去学习、工作，我们做得会比现在好很多。只有拭去心灵深处的浮躁，才能找到幸福和快乐，那么，幸福和快乐在哪里？幸福和快乐其实就在我们每个人的心里。只要你愿意，你随时都可以支取。在很多时候，我们都急需在心中添把火，以燃起某些希望。在很多时候，我们都急需在心中洒点水，以浇灭某些欲望。你会感觉到，其实我们很幸福，其实我们很快乐。

比如，商业世界给人们提供了各种机会，机会多诱惑就多，诱惑多了，心就容易乱，心乱表现在行为上的忙碌失措，这种现象就是"浮躁"。商人们常常不禁要问问自己：到底是什么力量使我们的投资或工作计划一再搁置？是什么力量使我们的远大理想化为泡影？是什么力量使我们的管理杂乱无章？

从心理学的角度讲，这一切的罪魁是意识和行为的不能自制，而导致意识和行为不能自制的正是浮躁。

曾经有一个精明的雇主登广告要招聘一个孩子，他对应征的三十个小孩说："这里有一个标记，那儿有一个球，要用球来击中这里，你们一个人有七次机会，谁击中目标的次数越多，就雇谁。"结果，所有的孩子都没能打中目标。这个雇主说："明天再来吧，看看你们是否能做得更好。"

第二天，只来了一个小家伙，他说自己已经准备好测试了。结果，那天他每次都击中靶心。"你怎么能做到呢？"雇主惊讶地问道。

这个孩子回答说："哦，我非常想得到这个工作来帮助我的妈妈，所以，昨天晚上我在棚屋里练习了一整夜。"不用说，他得到了这份工作，因为他不仅具备了工作所需的基本素质，而且表现了自己的优秀品质。

大概谁都知道坚持不懈、永恒进取的魅力，可是又有谁能真正地去做呢！大家都被浮躁的心态搞得三心二意，哪能坐得住冷板凳呢？

那么怎样才能克服浮躁心理呢？

（1）在攀比时要知己知彼。

"有比较才有鉴别"，比较是人获得自我认识的重要方式，然而比较要得法，即中国人所说的"知己知彼"，知己又知彼才能知道是否具有可比性。例如，相比的两人能力、知识、技能、投入是否一样，否则就无法去比，从而得出的结论就会是虚假的。有了这一条，人的心理失衡现象就会大大减低，也就不会产生那些心神不宁、无所适从的感觉。

（2）要有务实精神。

务实就是"实事求是，不自以为是"的精神，是开拓的基础。没有务实精神，开拓只是花拳绣腿。这个道理是人人应弄懂的。

（3）遇事善于思考。

考虑问题应从现实出发，不能跟着感觉走，看问题要站得高、看得远，切实做一个实在的人。

七　人脉正能量

和谐人际，让人乐于跟你合作 <<<<<<<<

　　有个公认的道理：成功=20%的知识+80%的人脉。是的，人脉对我们的人生成败有着非常重大的影响。若想他人能够在困难的时候帮助你，在需要协作的时候配合你，若想取得成功，首先要有一个好的人际关系，也就是一个好的人脉网络。

　　有了好的人脉，我们才能够获得不可多得的机遇去实现梦想，才能让我们的人生之路越走越宽阔，越走越精彩。

——引自卡耐基《人性的优点》

善于控制自己的情绪

不良的情绪是一种负面的能量，如果不加控制，它会泛滥成灾；如果稍加控制，它的破坏性就会大减；如果合理控制，甚至可能有所收获。它会很快地就被消除学会控制自己的情绪，是一个人品性修养的一个重要方面。

对世界的认知教会了我们两件事情。这两件事情我们不是生来就会，但它们却对我们有很大的影响。这两件事情就是：控制我们的情绪，以及控制我们的脸部表情。一个没有良好修养的人容易生气发脾气，或者在有争议的事情上因羞于启齿而自然败退，不会被别人激得像个疯子，也会被别人当成傻瓜来耍。

但是有着良好修养的人好像永远不懂有什么可以或应该发火的。如果他滑了一跤，他可以冷静得当成没事一样，而不是像跌倒在泥潭里的马一样疯狂地跑跳挣扎而越陷越深。他坚定却不乏温和，总是认真、秩序井然地行事。

当然，上面提到的情感表露都不能存有谎言，因为这些举止既不能让你有失礼貌，又不能是你以此为借口来维持虚伪的友谊。对一个你不爱的人显示你的风度，与其说是违背了真实，还不如说就向你卑下的仆人谄媚。诚实而不愚忠是一个有信仰、有荣誉感或思想谨慎的人始终不变的原则。那些违背诚信的人或许是聪明的，但决不是有真本事的，诺言与不忠只是笨蛋和懦夫的避难所。

美国的林登·约翰逊总统，曾经为了自己的秘书乔治·里狄出了个差错

正能量
用信念改变自己

而怒气冲天地在电话里将他骂得狗血淋头，什么恶毒的话都讲了出来，连站在旁边听到这些话的人，都很不以为然。但林登·约翰逊一挂上电话，竟马上对随从说："现在把这个礼物送给乔治。"大家都觉得十分惊讶。总统叹了口气解释说："当一个人在情绪低落时，最需要别人的礼物。"

情绪是一种感性反应，大致可以分为喜、怒、哀、痛、悲等不同表达形式，所以情绪的掌控是属于一种反应上的管理。

一个受到太多保护，或是自主性较高、主观个性过强的人，容易忽略周围人的反应，因而情绪的掌控能力往往较差。相反，阅历较多、客观、顾全大局的人，情绪上的掌控能力就相对较高，因为他会采取同情心的看法，顾及别人和自己之间的情绪平衡问题。

自古以来，对于人的评断标准，只看一个人的涵养、行事风格，就知是否可以成为可塑之才、是否有大将之风，因此要成为人上人，除了知识与能力的考虑，还要看他在情绪上是否能操控得当。情绪处理得好，可以将阻力化为助力，帮你解危化险；情绪若处理得不好，便容易将人激怒，产生一些非理性的言行举止。

那么到底如何控制自己的情绪呢？以下两个情绪管理的方法，希望能够给读者以帮助。

（1）认真体察自己的情绪。

要时刻提醒自己注意"我现在的情绪怎么样？"例如，当你因为朋友约会迟到而对他冷言冷语时，问问自己："我为什么这么做？我现在有什么感觉？"如果你察觉你已经对朋友三番五次的迟到感到生气，你就可以对自己的生气做更好的处理。

有很多人认为人不该有情绪，所以不肯承认自己有负面的情绪，要知道，人一定会有情绪的，压抑情绪反而带来更不好的结果，学会体察自己的情绪，是情绪管理的第一步。

（2）适当表达自己的情绪。

再以朋友约会迟到的例子来看，你之所以生气可能是因为他让你担心。

在这种情况下，你可以婉转地告诉他："你过了约定的时间还没到，我好担心你在路上发生意外。"试着把"我好担心"的感觉传达给他，让他了解他的迟到会带给你什么感受。而像："每次约会都迟到，你为什么都不考虑我的感觉？"这样的表达就很不恰当。当你指责对方时，也会引起他的负面情绪，他就会变成一只刺猬，时刻防御外来的攻击，没有办法站在你的立场为你着想。

因此，如何"适当表达"情绪，是一门艺术，需要用心体会、揣摩。

成为察言观色的高手

通过人的言辞我们可以了解他的品性，而通过一个人的眼神也能让我们窥视到他的内心，包括一个人的衣着、坐姿、手势也会在毫无知觉之中出卖它们的主人。所以学会察言观色对于我们来了解及淡化对方心理有重要帮助，会让彼此的交流更加顺利。

察言观色是一切人情往来中操纵自如的基本技术。不会察言观色，等于不知风向便去转动舵柄，弄不好还会在小风浪中翻了船。

言谈能告诉你一个人的地位、性格、品质及至流露内心情绪，因此善听弦外之音是"察言"的关键所在。

观色犹如察看天气，看一个的脸色应如"看云识天气"般，有很深的学问。因为不是所有人在所有时间和场合都能喜怒形于色，相反是"笑在脸上，哭在心里"。

直觉虽然敏感却容易受人蒙蔽，懂得如何推理和判断才是察言观色所

正能量
用信念改变自己

追求的顶级技艺。言辞能透露一个人的品格，表情眼神能让我们窥测他人内心，衣着、坐姿、手势也会在毫无知觉之中出卖它们的主人。

有个穷人患病，病情渐渐沉重，医生说他没有希望了。病人祷告众神，说如果能病好下床的话，一定设百牛祭，送礼还愿。他妻子正站在旁边，听他这么说，便问道："你从哪儿弄这笔钱来还愿呀？"他回答说："你以为神让我病好下床，是为了向我要这些东西吗？"

这故事是说，实际上不想做的事情，人们倒最容易答应下来，人有时候心口不一。由此看来，察言是很有学问的技巧。人内心的思想，有时会不知不觉在口头上流露出来，因此，与别人交谈时，只要我们留心，就可以从谈话中深知别人的内心世界。

（1）由话题知心理。

人们常常将情绪从一个话题里不自觉地呈现出来。话题的种类是形形色色的，如果要明白对方的性格、气质、想法，最容易着手的步骤，就是要观察话题与说话者本身的相关状况，从这里能获得很多的信息。

例如，在年轻小伙子的世界里，他们最爱谈论的话题是车子。关于车子的杂志也跟音乐、足球杂志一样畅销。小伙子的话题几乎都涉及与车子的品牌、行程距离、速度等有关的内容，虽然，他们中的大多数人都暂时买不起车。

其实，他们那么热衷于车的话题，无非在表示自己将来有能力购车，或者是自己对这些懂得很多，这也是一种时髦的话题罢了，无非是显示自己。因此，你要聚精会神地听他们侃，最好不要摆出讨厌或不耐烦的脸孔，你的耐心就可以满足他们的虚荣心。

（2）脸上的表情，天上的云彩。

观色是指观察人的脸色，获悉对方的情绪。这与老猎人靠看云彩的变化推断阴晴雨雪，是一个道理。

人类的心理活动非常微妙，但这种微妙常会从表情里流露出来。倘若遇到高兴的事情，脸颊的肌肉会松弛，一旦遇到悲哀的状况，也自然会泪流满面。不过，也有些人不愿意将这些内心活动让别人看出来，单从表面上看，就会让人判断失误。

比如，在一次洽谈会上，对方笑嘻嘻地完全是一副满意的表情，使人很安心地觉得交涉成功了，"我明白了，你说得很有道理，这次我一定考虑考虑。"可是最后的结果却是以失败而告终。由此看来，我们不能只简单地从表情上判断对方的真实情感。

（3）透过"眼神"辨人心。

从医学上来看，眼睛在人的五种感觉器官中是最敏锐的，大概占感觉领域的70%以上，因此，被称"五官之王"。

深层心理中的欲望和感情，首先反映在视线上，视线的移动、方向、集中程度等都表达不同的心理状态，观察视线的变化，有助于人与人之间的交流。爬上窗台就不难看清屋中的情形，读懂人的眼色便可知晓人们的内心状况。

你见他眼神流动异于平时，便可明白他是胸怀诡计，想给你苦头尝尝。这时应步步为营，不要轻近，前后左右都可能是他安排的陷阱，一失足便跌翻在他的手里。不要过分相信他甜言蜜语，这是钩上的饵，是毒物外的糖衣，要格外小心。

你见他眼神呆滞，嘴唇泛白，便可明白他对于当前的问题惶恐万状，尽管口中说不要紧，他虽未绝望，也的确还在想办法，但却一点也想不出所以然来。你不必再多问，应该去考虑应付办法，如果你已有办法，应该向他提出，并表示有几成把握。

你见他眼神似在发火，便可明白他此刻是怒火中烧，意气极盛，如果不打算与他决裂，应该表示可以妥协，速谋转机。否则，再逼紧一步，势必引起正面的剧烈冲突了。

你见他眼神恬静，面有笑意，你可明白他对于某事非常满意。你要讨他的欢喜，不妨多说几句恭维话，你要有所求，这也是个好机会，相信一定比平时更容易满足你的希望。

尊重别人，获取人心

每个人都希望获得别人的尊重，但前提是你也需要先尊重别人，如果你只知道自重，却看轻别人，使别人的自尊心受伤害，那必然会受到别人的报复，只有尊重别人，才能赢得别人的尊重。

人在社会上生存，会遇到各种各样的人和事，每个人都有自己的思维和想法，但不要把自己的思想强加于人，人与人之间应该以彼此间的真诚尊重、顺畅沟通和关怀体谅为基础。人与人能和谐相处，首要的一条就是要懂得尊重，学会尊重，既尊重自己，又尊重别人。

在现实生活中，经常有很多人不注意尊重他人：同学之间、师生之间、同事之间、亲朋好友甚至家人之间，有时候完全以自我为中心，不注意别人的感受，不给对方留下足够的心理活动时间，与别人谈话时，只顾自己侃侃而谈，不给对方插话的机会；在听别人倾吐心事时，东张西望，左顾右盼，心不在焉；对给自己提意见的人耿耿于怀，对批评自己的人做出不礼貌不文明，甚至是粗野的言谈举止等，这都是不尊重他人的不文明行为。

每个人都应该学会尊重别人，一个不尊重他人的人，也绝不会得到别人的尊重。其实你的每一言、每一语，甚至于每个眼神都会对他人产生极深的影响。你一个鼓励的眼神可能就会让一个自卑的人从此信心百倍，反之，一句刻薄的话语，可能会使一个自信的人从此一蹶不振。

美国著名学者罗杰斯曾说："我从没遇到一个我不喜欢的人。"这句话或许有一点夸张，但对罗杰斯来说，这并不为过。这是他对人们的感觉，正因为如此，人们也都对他敞开心扉，就像花儿对太阳敞开胸怀一样。

受人尊重，是人的一种需求。一个人只有充分尊重他人，并热情友善地与他人交流和沟通，才能真正赢得他人的充分尊重。下面这个童话故事印证了这一观点。

有一天，动物世界里的鸵鸟与麻雀不期而遇。客气一番后，它们聊起天来了。

"我们鸵鸟算是鸟类中的巨人吧！我们是世界上最强大的鸟！"鸵鸟自豪地说。

麻雀上下打量了鸵鸟一下，不紧不慢地说："你们尽管为自己高大强壮的身体自豪好了！可是，与你们的高大相比，小小的我们更算得上是一只鸟！"

"难道我们长得高大有什么不好么？难道我们不是一只鸟吗？"鸵鸟斥问麻雀。

"你们鸵鸟会飞吗？你们虽然高大无比，虽然强壮如牛，虽然也叫作鸟，但是，你们却不能飞，这难道不是一个人间悲剧吗？"麻雀反问鸵鸟，然后拍翅而去了。

鸵鸟低下了高傲的头，开始思考麻雀的话。

在此，没有必要去品评鸵鸟和麻雀谁说得更有道理些。但要知道，自负的人总是唯我独尊，瞧不起他人；相反，只有那些自尊的人，才会赢得他人的尊重。

与人打交道时，你尊重别人，别人也会尊重你；你喜欢别人，别人也会喜欢你。让别人喜欢你，实际上，这就是你喜欢别人的另一个方面。

尊重是一种大智慧，因为懂得所以慈悲。尊重别人与自己的相同之处不难，难的是尊重别人与自己的相异之处。你认为吸烟有害健康并且污染环境，他却认为是一种调剂；他说人生要积极进取、鲜活浓烈，而你却只求平淡安详、恬然舒适一辈子，每个人都不尽相同，差异何止千千万万，尊重便是守着自己的人生信条而从客观的角度，用欣赏的眼光去看对方，并不苛求相同，而是正视相异。

因此，懂得尊重别人的人都参悟了人生的大智慧，有足够的自信支撑自己，也有足够的宽容去审视别人。

尊重会让人心情愉悦，呼吸平顺，尊重可以改变陌生或尖锐的关系，若是又对彼此足够的尊重，战争就完全可以避免。人的内心都渴望得到他人的尊重，但也只有你先尊重了他人才能赢得尊重。常言道：送花的人周围都是鲜花，种刺的人身边都是荆棘。就让我们每一个人都先去尊重别人吧。

尽量减少与他人的冲突

我们要以理解的眼光看别人，懂得大千世界是五彩缤纷的，人也是各种各样的。别人不可能完全同我们有一样的志趣，我们不能像要求自己那样要求别人，每个人都有自己的个性和特点、有不同的长处和短处，做到这些，我想就可以压制愤怒的怒火，减少无谓的冲突。

人与人之间存在冲突，存在差异，是很正常的事，重要的是，当冲突发生的时候，我们应该怎么去面对冲突、化解冲突、消除冲突。要尽量避免和对方在情绪上的冲突和纠缠。于是，当别人开始有情绪的时候，千万要控制自己的情绪，否则很小的一件事也会延伸到无法收拾的地步。

第一次世界大战以前，德国的名宰相俾斯麦与国王威廉一世是对有名的搭档。德国当时会强盛，不但是俾斯麦这个首相行，同时也因为有这个宽容大度的好皇帝。

有时候，威廉一世回到后宫中，经常气得乱砸东西，摔茶杯，有时连一些珍贵的器皿都砸坏。

皇后问他："你又受了俾斯麦那个老头子的气？"

威廉一世说："对呀！"

皇后说："你为什么老是要受他的气呢？"

威廉一世说："你不懂。他是首相，一人之下，万人之上。下面那许多人的气，他都要受。他受了气哪里出？只好往我身上出啊！我当皇帝的又往哪里出呢？只好摔茶杯啦！"

由此不难理解，威廉一世为什么能够成功，而这也是德国在那时候能够那么强盛的一个重要原因。

一个人把气撒在无辜者身上，只能给自己带来更多的痛苦。相反，国王威廉则能从宰相俾斯麦的角度去考虑问题，巧妙地将愤怒平息，避免了鹬蚌之争。

当你和别人发生争执了，怎么样才能避免恶化呢？

（1）纠正认识上的误区。

也就是要控制那些不理性的思维，它会导致我们头脑中的映像模糊，使我们丧失判断力和分析能力，也更容易对他人发火。常见的误区包括：武断，因一个负面因素而忽视其他的正面因素；"超概括性"，就是以一个人的特点来概括一群人，将矛盾扩大化；主观，从自己的观点出发来衡量其他人的行为，比如某同事迟到了，认为他肯定是什么原因，根本不考虑实际情况；"戏剧模式化"，不管实情如何，自己认定某种情况一定会发生，像编剧一样导演生活；贴标签，预先给某人某事贴上一个标签，对它的判断局限在这个前提下。

（2）耐心倾听。

完全投入地倾听他人，包括你的身体表现：看着对方的眼睛，跟着对方说话的节奏，这能帮助你找到你们之间的分歧所在。耐心地倾听是为了掌握正确的信息,比如,一个很重要的约会,对方却迟到了很久,如果你一见他就愤怒地指责对方,争吵很可能就此爆发。如果先给他一个解释的机会,也许结果会不同。站在他的角度考虑,也许他一路上遇到了特殊情况,也是心急如焚呢。

(3)艺术地批评。

给对方建设性的意见,要求现实、准确,而不是给他"上一课"。就事论事,不跑题,不要给对方下结论。要知道,任何人都不希望别人对他说"你就是这样的一个货色,没救了"。强硬的建议通常会伤害别人,使他产生抵触心理,无法建立对话,受挫的对方甚至会产生报复心理,而无辜的你还一直以为你对人家好,人家该心存感激。

搬掉猜疑这块石头

对人多一些体谅,懂得欣赏别人的好处,原谅别人的缺点,不去故意挑剔别人,就可以获得一种心安理得的快乐。有一颗体谅他人的心,就仿佛获得了一把钥匙,能随时开启自己心中快乐的大门。

猜疑是人性的弱点之一,一个人一旦掉进猜疑的陷阱,必定处处神经过敏,事事捕风捉影。对他人失去信任,对自己也同样心生疑虑。猜疑常常是从某一假想目标开始,最后又回到假想目标,就像一个圆圈一样,越画越粗,越画越圆。现实生活中猜疑心理的产生和发展,几乎都同这种封闭性思路有关。

猜疑心理与一个人强烈的私欲有关。这种私欲包括权欲、金钱欲、性欲等。私欲越大，猜疑心里就越强烈。如果一个人无私，他的行为必然无畏。如果一个人总是患得患失，那么，他的行为总会带有利己特征，于是，他会强迫自己处处"格外小心""分外谨慎"。对他人也用自己的"小心眼"去衡量、评价，并对其充满怀疑和不信任。

玛丽是一个刚刚毕业不到一年的大学生，目前在一家不错的企业工作。工作中，她十分注意自己的言谈举止，唯恐稍不留意影响到领导和同事对自己的看法。一次，她成功地完成了一张设计图，高兴之余，情不自禁脱口而出：真是太棒了！邻桌的同事闻声抬头瞄了她一眼，她马上紧张起来，糟糕！同事一定觉得我太得意忘形了。又一次，听到部门主管与人谈话中提到"新员工"三个字，并表情严肃，她的心一下缩紧了，一定是说我什么不好的事情。

过分的猜疑让她整日惴惴不安，每当见到别人脸色不好或两三个人低声交谈，她就会担心别人是不是在针对自己。过分猜疑让他身心疲惫，感觉周围的环境越来越差，最终辞职而去。

其实，别人的态度多是他们的情绪反映，每个人都经历着自己的喜怒哀乐，或许与你并无多大关系，过分敏感多疑，本质上是一种心理过分向外投射的反应。

英国哲学家培根说过："猜疑之心犹如蝙蝠，它总是在黑暗中起飞，这种心情是迷惑人的，又是乱人心智的，它能使人陷入迷惘，混淆敌友，从而破坏人的事业。"

猜疑的人通常过于敏感。敏感并不是坏事，但过于敏感的话，就很容易埋下害人害己的祸根。如果任猜疑蔓延发展，往往会形成攻击性的变态人格。如果你想要为自己的情商加分的话，如何消除猜疑是你必修的一课。

（1）把猜疑消灭在思维中。

如果一个人一旦被猜疑的绳索锁住，必定处处神经过敏，对他人对自己心生疑窦，损害正常的人际关系。那么，工作中应该如何消除这种不良心理呢？拓宽胸怀可以增大对别人的信任度，排除一个人的不良心理。所以消除猜疑，首先要提高个人修养，优化自己的心理素质。

摆脱错误的思维方法也是避免猜疑的有效方法。思维对人是一种束缚，思维会把人带进一个死胡同。换一种思维才能使猜疑之心从根本上得到改变。猜疑是多疑者对自己心灵设置的一道心理障碍。一个人如果能敞开心扉，增加心理透明度，猜疑之心自然就可以烟消云散了。

（2）用理智和自信化解猜疑。

理智可以化解猜疑发生，因为猜疑属于情绪，而理智是祛除猜疑的良药。当自己开始怀疑别人时，要马上寻找产生怀疑的原因，可以从正反两个方面的信息加以辩证分析，这样猜疑就不会像阴云一样堆积在自己心头。同时，冷静思考也是祛除猜疑所必不可少的条件。

可以看到自己的长处，并相信自己可以与周围的人处理好人际关系，能给别人留下良好的印象。当我们充满信心地进行工作和生活时，就不用担心自己的行为，也不会随便怀疑别人是否会挑剔、为难自己了。

在工作中，非议和流言时有发生，与他人产生误会，也属于不可避免的正常事情。当别人对自己产生怀疑时，应当安慰自己不要和别人的闲言碎语纠缠，不要在意别人的议论，这样不仅解脱了自己，而且还取得了一次小小的精神胜利，产生的怀疑自然就烟消云散了。

（3）自我安慰，增强调节能力。

产生猜疑的一大原因，就是总担心别人说三道四，特别在乎别人对自己的一些消极评价。一个人生活在社会上，遭到别人的非议和流言或者与他人产生误会在所难免。太在乎别人的评价，你就会失去自己。

朋友需保持一定的距离

交朋友本来就是双方的事情，不能由着自己一厢情愿，而应当尊重对方，耐心地等待对方。友情需要距离的度量，有距离才有吸引，心灵也才能保持独有的空间。

生活中并不是所有的人都能成为朋友。每个人都有自己的人生态度、处世方式、情趣爱好和性格特点，选择朋友也有各自的标准和条件。我常想，人生活在世界上，离不开友情，离不开互助，离不开关心，离不开支持。

在朋友遇到困难、受到挫折时，如果伸出援助之手，帮助对方渡过难关，战胜困难，要比赠送名贵礼品有用得多，也牢靠得多。既为朋友，就意味着相互承担着排忧解难、欢乐与共的义务。只有这样，友谊才能持久常存。

然而，朋友之间的相处之道也是很有艺术性的。朋友之间，需要保持一定的距离。无论是怎么样的朋友，无论关系多么密切，距离都是如此重要。

对一个朋友，且不论男女朋友，不能太过于重视，否则对方会觉得压力很大，会被你的重视压的喘不过气，但又不能过于疏忽，过于疏忽，可能就不会再有联系。有的朋友，你如果太重视他，会让他觉的交你这个朋友很累，就是因为你太重视他了，让他感到压力，也会让自己过的很辛苦。

无论是朋友之间，或是恋人之间，对对方的情感，肯定是无法对等的。总会有付出较多的一方，而往往是付出多的一方容易受到伤害。所以，现在很多时候在和朋友相处的时候，我都会告诫自己，要控制自己的付出，这样会让自己和朋友都不受伤害。所以我现在不会强求别人，要尽量不要给他人

正能量
用信念改变自己

带来压力。

朋友之间保持一定的距离，也有另外一层意思，无论多要好的朋友，都不应占用对方太多的时间，不应过多介入对方的家事，不要经常性地无事拜访或经常做不速之客。

很多人误以为好友之间应该无话不谈，亲密无间，却不晓得过多了解别人的隐私和过多介入别人的生活于人于己都是负担！无论你和朋友多么知心，都须明白"疏不间亲、血浓于水"的道理。

其实，在现实社会中，朋友的价值就在于"规过劝善"。批评和自我批评，有错误相互纠正谅解，彼此共同改掉毛病或缺点，互相学习勉励，共同发展，这才是真正的朋友。但规过劝善，是有一定的尺度，尤其是现在一些合伙做生意做买卖的朋友，更要注意。很多时候，在难以改变朋友的做法时，那就不要再勉强了，让朋友自己去领悟吧，也许他的想法是正确的，就算错了，吃一堑长一智，对朋友也算是有帮助的。这样还保持朋友的关系，也伤不了彼此的感情。

在日常生活中，就算最要好的朋友也会有摩擦，我们也许会因这些摩擦而分开。但每当夜阑人静时，我们望向星空，总会看到过去的美好回忆。一些琐碎的回忆为我寂寞的心灵带来无限的震撼！就是这感觉，令我更明白朋友对我的重要！人际关系也是一样的，太近了关系会变得复杂，太远了，就失去了联系，不近不远刚刚好，只能感受到彼此的真诚与情谊。每一个人都有一方属于自己的乐土，因此当你心情沮丧的时候，当你灰心失望的时候，当你觉得好友渐渐淡漠的时候，请珍惜朋友真挚的友情，不要到失去的时候才痛感它的可贵。

因此，珍惜身边的每一份友情，无论它是不是已经过去，无论它会不会有将来。也许不会天长地久，也许会淡忘，也许会疏远，但却从来都不应该遗忘。它是一粒种子，珍惜了，就会在你的心里萌芽，抽叶，开花，直至结果。而那种绽放时的清香也将伴你前行一生一世。

每份淡漠下面也都隐藏着很深的寂寞和渴望。每个人都有自己挣扎的痛苦与心路历程，默契不过是因理解自己而彼此理解，只有和谐才是身心疲急时依然不泯的微笑。互相的惦念，互相的牵挂，与互相的爱护便是人世间最最难得的情感抚慰，是朋友之间最难割舍的真情。好友之间所以能长期共存，正是因为有了这种心灵间的相互依存与默契，唯此孤独的人生才变得丰富而深刻。

人生能够拥有一位好友，一位至交，便拥有了一生的情感需求，好友如衣食，如日月，如自己的影子，最最孤独时，无论相隔千里万里，好友都会如期而至，那时即便是默默相对，不说一句话，感受也是雨露的滋润，心静如镜，心境如云。

结交比自己更优秀的人

成功人物之所以成功，就在于他们为人们树立了某个方面的典范，是值得人们学习和推崇的。优秀人才总是以成功者为榜样，结交比自己更优秀的人才，以此达到更高的水平。

每个人都会有自己的圈子。一个乞丐不太可能结交到为数众多的企业家朋友以助他飞黄腾达；同样，一位成功的商业人士也不太可能乐意结交一个流落街头的乞丐，因为他们属于不同的圈子。一个人在结交另外一个人时，都会判断这个人是否属于自己的圈子，然后再决定是否与其交往，以及交往的深入程度。如果你与对方的价值相等，那么，你们属于同一个圈子的人，双方也有了建立人脉关系的基础，以后还有可能深入合作，互相帮助；如果不相等，那么，不要指望他们在你的人生"转折点"上帮助你。

所以，建立高效人脉的前提，是你自身拥有多少可以被对方利用的价

正能量
用信念改变自己

值。这就要求你必须在日常的生活和工作中拥有明确的职业生涯方向，并围绕此方向不断提升自己的综合素质，构建自己的核心竞争力，成为有价值的人。这样，你才有可能建立自己的人脉网络。

纵观那些成功立业的人物，他们往往能够善于转换一个人的机会和命运，结交比自己优秀的朋友。其实，要与人相识，并不像通常所想象的那么困难，结交地位较高的人也是如此，尤其是年轻人，可以无所顾虑地和地位较高的人接近。

美国有一位名叫阿瑟·华卡的农家少年，在杂志上读了某些大实业家的故事，他很想知道得更详细些，并希望能得到他们的忠告。

有一天，他跑到纽约，也不管几点开始办公，早上7点就来到威廉·B·亚斯达的事务所。在第二间房子里，华卡立刻认出了面前这位体格结实，浓眉大眼的人是谁。高个子的亚斯达开始觉得这少年有点讨厌，然而一听少年问他："我很想知道，我怎样才能赚得百万美元？"他的表情变得柔和并微笑起来，俩人竟谈了一个钟头。随后亚斯达还告诉他该怎样去访问其他实业界的名人。

华卡照着亚斯达的指示，遍访了一流的经理、总编辑及银行家。在赚钱这方面，他所得到的忠告并不见得对他有所帮助，但是能得到成功者的待遇，给了他自信，他开始仿效他们成功的做法。

过了两年，这个20岁的青年，成为他学徒的那家工厂的所有者。24岁时，他成了一家农业机械厂的经理。不到5年，他就如愿以偿地拥有百万美元的财富了，这个来自乡村粗陋木屋的少年，终于成为银行董事会的一员。

在华卡活跃于实业界的67年中，实践着他年轻时来纽约学到的基本信条，即多与有益的人相结交，他坚信会见成功立业的前辈，能转换一个人的机运。

年轻时直率地表达崇拜英雄人物的心意，这不但能使对方感到高兴，而且会鼓励你，增加你的勇气。

事实上，把有能力的人作为自己的榜样并不可耻，朋友与书籍一样，好的朋友不仅是益友，也是良师。要与伟大的人物缔结友情，跟第一次就想赚百万美元一样，是相当困难的事。这原因并不在于他们的超群拔萃，而是你自己忐忑不安。

年轻人之所以容易失败，是因为不善于和前辈交际。法兰西陆军元帅福煦说过："青年人至少要认识一位善通世故的老年人，请他做顾问。"

萨加烈也说了同样的话："如果要求我说一些对青年有益的话，那么，我就要求你时常与比你优秀的人一起行动。就学问而言或就人生而言，这是最有益的。学习正当地尊敬他人，这是人生最大的乐趣。"

抓住改变命运的瞬间

机遇离不开时间，时间是机遇的生命。要想把握机遇，不但要努力学习揭示客观必然规律性的科学知识，而且要有一种锲而不舍的精神，决不能错失良机。

世界竞争越来越激烈，往往都是强者胜，劣者败。不思进取的人，生存空间越来越小，因此勇于进取的人越来越多。能够最终在众多勇者当中脱颖而出的人，必定是在竞争中获取机遇，并能抓住改变命运瞬间的人。

因此，应该要有改变命运的觉悟和勇于抓住改变命运瞬间的胆量。一个人的性格和习惯是很难改变的，如果想改变，那肯定是一件很痛苦的事，即使是这样，机遇总是青睐那些有准备的人。

在通往失败的路上，处处是错失了的机会。成功者之所以成功，是因为他敢于冲锋、主动进攻，善于抓住胜利的时机。而我们所见识到的成功者，总是

正能量
用信念改变自己

善于抓住每一个改变自己命运瞬间的机遇，充分施展才能，获取命运的垂青。

美国钢铁巨头安德鲁·卡内基是个主动出击、超前预测、抓住机遇的高手。1865年，美国南北战争宣告结束，北方工业资产阶级战胜了南方种植园主。当时，全美沉浸在庆贺统一的狂喜中。

卡内基却清醒地预测到，战争结束后经济复苏在即，经济发展必然导致钢铁需求量剧增。于是他义无返顾地辞去了铁路部门报酬优厚的工作，创立了联合钢铁公司，后又演变为钢铁企业集团。卡内基抓住了经济复苏的机遇，并获得了巨大的成功。

在面对机遇时，能够做出准确的决定，抓住改变命运的瞬间。虽然有些时候为了抓住机遇而采取的某些做法似乎显得有些极端，但我们不能否认他们面对当时的情势，当机立断做出的抉择是英明的。很明显，钢铁大王安德鲁·卡耐基抓住了改变命运的瞬间。

人的一生是否精彩，关键在于能否抓住那些最有决定意义的转机。最有希望成功的人，并不是才干最出众的，而是那些最善于发掘和利用每一个机遇的人。

（1）要有能抓住改变命运的机遇的头脑。

这需要足够的勇气，需要足够的气魄，需要能担当大任的头脑。

（2）要有不会让到来的机遇溜掉的能力。

（3）善于创造机遇。

创造机遇的过程，是一个由量变到质变的艰苦劳动的过程，最好的办法就是利用成熟的条件，开拓新的机遇，避免止步不前。

没有改变的人生是不会有成功的。对待转瞬即逝的机遇，有的人停滞不前，有的人呆若木鸡，有的人却慧眼独具、紧抓不放。那么，注定后者会成为生活的强者和物质财富的占有者、享有者。成功有成功的道理，失败有失败的原因，能不能突破这里的重重困难，就看我们怎样去看待和运用改变我们命运的瞬间。

八　口才正能量
让热情洋溢的演讲发挥出你的魅力 <<<<<<<<

　　一个人如果拥有良好的口才，他就更容易在众人中脱颖而出，受到大家的关注，还会因为自己巧妙的说话方式而受人欢迎。这不仅能够完善他的人脉，还能够让他在无形中增强自己的信心，坚定自己的信念，从容应对生活中的一切。

　　可以说，口才的魅力与魔力是你我一生都渴求的。发挥口才正能量，攻克一个个难关，瞬间打动人心，你就会成为众人眼中最具感召力、影响力的引领者。

——引自卡耐基《语言的突破》

充满自信地当众讲话

克服当众说话的恐惧心理,不但在演讲上会有所帮助,对于我们在生活中遇到任何事情都会产生极大的、潜移默化的影响。只有那些敢于接受这项挑战的人,才会真正的完善自己的品格。

我发现学习当众说话,是一种自然天成的方法,它不但可以提高人们演讲的能力,而且还能有效地帮助人们克服紧张不安的心理,树立勇气和自信心。这究竟是什么原因呢?原来当众说话可以让我们有效地消除自己的恐惧感。

通过多年积累的经验,我总结出了一些迅速而有效的演讲训练方法,它可以让你在短短几周的练习之后,迅速地克服上台演讲所带来的恐惧,并且能够增强你的自信心。

第一,找到恐惧的根源。

下面是关于当众演讲产生恐惧感的几种情况:

实情之一:害怕当众讲话并不只是个别现象。一份大学的调查报告显示,有高达百分之八九十的学生,刚开始上演讲课的时候都会有所谓的"登台恐惧"。而我的成人教育培训班,学员们在登台的时候产生恐惧比例几乎达到了百分之百。

实情之二:一定程度上的登台恐惧感是有利于演讲的,因为我们天生就具有应付环境挑战的能力。所以,当你感到自己心跳加速、呼吸急促的时候,千万不要紧张。这是你的身体对外来刺激保持警惕的一种正常反应,这是它正在为即将到来的行动做准备。假如这种生理上的准备正好适度，反而会比普通情况下所做的演讲更加精彩，因为你会因此而反应敏捷，讲话也就会更加流畅。

实情之三：很多职业演讲者都承认，没有哪一次登台演讲是完全没有恐惧感的。几乎在每一次演讲之前，他们都会感到害怕，而且这种恐惧会一直持续到开头的几句话。要想当赛马，而不当驮马，这样的磨炼对于演讲者来说都是必须经历的。有些演讲者经常把自己比喻成"像黄瓜一样冰凉"，其实更确切的说法是："像黄瓜一样的皮厚"。

第二，做好演讲前的准备。

假如你想培养自信，做一场出色的演讲，那你怎么可以不为演讲做好充分的准备呢？圣约翰说："完全的爱，会将恐惧置之度外。"丹尼尔·韦伯斯特也曾经说过，他如果不做好准备就出现在听众面前，那么就如同没有穿衣服一样尴尬。

下面的几条相关建议，会使你在演讲前的准备工作做得更加充分。

（1）不要逐字背诵演讲词。

林肯曾经说过："我非常讨厌那种枯燥乏味的演讲。我喜欢的演讲，是那种听起来犹如和蜜蜂搏斗一样的富有激情的演讲。"原来，我们的林肯总统喜欢听演讲者即兴的、自由发挥的、激情澎湃的演讲。然而不管你怎样清楚、详细地背诵演讲稿，都不可能像与蜜蜂搏斗一样激烈。

（2）整理你预先汇集的思想。

多年以前，曾经在耶鲁大学进行过演讲的查尔斯·雷洁·伯朗博士说过："谨慎思考你的题目，酝酿成熟之后，它便会散发出馨香的思想……接着便把这些思想简单地记录下来。只要能将这些概念表达清楚就可以了……通过这样的汇集整理，就可以轻而易举地安排和组织那些零碎的思想片断。"

（3）在朋友面前练习演讲。

当你的演讲已经准备到了一定程度，那么就可以找一个人预演一下，这是完全有必要的。这样不但可以保证你在正式演讲的时候万无一失，还可以提前知道别人的看法，这样就可以在演讲之前把内容加以完善。把你的想法告诉朋友或者同事，当然要换另外一种极其巧妙的说法，而不是和盘托出。

第三，给予积极的暗示。

商业口才要建立在正确的态度之上。因此就有必要经常给自己一些积极的暗示。以下几种方法不妨试一试，相信会给你带来意想不到的收获。

（1）要确信自己的题目有意义。

选题确定之后，根据计划对资料加以汇集整理，并和朋友以闲聊的方式进行交谈。但是仅仅做这些准备还是远远不够的。还必须具备坚定的态度，确信自己的选题是有意义的，并且要以此来激励自己，坚信自己的能力。

（2）不要去想那些会影响你心情的事情。

假如你总是设想自己可能在演讲的时候犯语法上的错误，或者在演讲到一半的时候突然讲不下去了，那么这些情况肯定会影响到你的心情。在演讲之前，首先要集中精神听别人的演讲，将注意力从自己的身上转移到他们的身上,这样就不会产生过多的登台恐惧感了。

（3）给自己鼓足勇气。

大多数演讲家都会对自己的题材产生怀疑，他们总会问自己这个题目是否合适，听众会不会感兴趣，因此很可能在一念之间就更改了原本已经很好的题目。

这个时候，消极的思想就会彻底消灭你的自信心。所以，一定要让自己鼓足勇气，用轻松的话告诉自己：这次的演讲内容是非常适合你的，因为它来自你的经验，来自你对生活的看法；而且你比任何一个人都更适合就这个问题进行演讲；你会全力以赴，用最完美的形式把这个问题说得清楚、精彩。

让你的话语充满画面感

通过自己的演讲,为听众营造一种氛围,在这个氛围下,让他开始认同并支持你的观点,以此来达到演讲的最佳效果。

生命力、活力及热情——这三样,我一直认为是讲演者首先要具备的要件。人们聚集在生龙活虎的讲演者四周,就同野雁会围着秋天的麦田打转一样。如何才能做这种虎虎生威的讲演,以抓住听众的注意力呢?那就是对自己的题目要有深切的感受。

这一点极为重要。如果你对自己所选择的题目不是怀着特别偏爱的情感,你就不要指望听众会相信你那一套话。道理很简单,如果你对自己选择的题目有着实际的接触与体验,对它充满热诚——像某种嗜好或消遣等,或者你因为对题目曾做过深思或有着个人的关切,因而满腔热情,那么就不愁讲演时不热心了。

二十多年前,在纽约我的某个班次里有一场讲演,其热诚所造成的说服力鲜明地展现在我的眼前,至今无有出其右者。我听过很多令人心服的讲演,可是这一个——我称它是"蓝草对山胡桃木灰"的案例,却鹤立鸡群,成为真诚战胜常识的绝佳案例。

纽约一家极具知名度的销售公司里,有个一流的推销员提出反常的论调,说他已经能够使"兰草"在无种子、无草根的环境之下生长。根据他的故事,他将山胡桃木的灰烬撒在新犁过的土地里,然后一眨眼间兰草就出现了!他坚决相信山胡桃木灰,而且只有山胡桃木灰是兰草长出的。

评论他的讲演时,我温和地向他指出,他这种发现如果是真的,将使他一夜之间成为巨富。因为兰草种子每蒲式耳价值好几块钱。我还告诉他,这项发现会使他成为人类史上一位杰出的科学家。我告诉他,没有一个人——不论他是生或已死——曾经完成,或有能力完成他所声称的那个奇迹。也就是说,还不曾有人从无生命的物质里培植出生命。

我神态安详地告诉他这些,因为我感到他的错误非常明显,非常荒谬,无需特别反驳他。我说完之后,班上的学生都发现了论述里的谬误,只有他自己看不到,连一秒钟的领悟也没有。他对自己的发现非常地热烈,不可救药。他即刻起立告诉我,他没有错,他抗议说,他并没有引据理论,只是陈述自己的实验。他的声音透着真诚与诚实。

我再度告诉他,他可能是正确的,或几乎是正确的、或"距离真理不出一千英里远"。马上他又站了起来,提议跟我打赌五块钱,让美国农业部来解决这件事。

你晓得发生了什么怪事吗?班上好几个学生都站到他那边去了。我当时如果做个表决,我相信班上一半以上的生意人不会在我这边。我问他们,是什么动摇了他们原先的论点?他们一个接一个,都说是讲演者的热诚和笃信使他们自己怀疑起常识的观点来。

这样,既然班上学员如此易于轻信,我只得写信给农业部。我告诉他们,问这么无聊的一个问题真觉得不好意思。果然,他们答复说,要使兰草或其他活的东西从山胡桃木灰里长出来是不可能的。他们还说,他们还从纽约收到另一封信,也是问同样的这个问题。原来那位销售员对自己的主张太有把握了,因此也立即写了封信。

这件事给了我一个难忘的启示。讲演者如果是热切强烈地相信某件事,并热切强烈地说讲它,就能获得人们对他的追随和拥护,即使像上面这位仁兄这样荒谬也无妨。那么,如果我们所归纳、整理出来的信念是符合常识和真理的,再辅以巨大的热诚,将会有多大的感染力呢?

几乎所有的讲演者都会怀疑,自己选择的题目能否提起听众的兴趣。

我这里只有一个方法保证会教他们感兴趣：点燃自己对题目的狂热。唯其如此，就不怕无法吸引人们的兴趣了。

尽量让对方说"是"

当别人真的错了的时候，我们也不要自作聪明地对他说："你错了"这时候真的错了的恰恰是你自己，要懂得纠正别人的错误的时候是需要讲求方法的。

我一直认为，跟别人交谈的时候，不要以讨论异见作为开始，要以强调而且不断强调双方所同意的事情作为开始。不断强调你们都视为相同的目标而努力，唯一的差异只在于方法而非目的。

要尽可能使对方在开始的时候说"是的，是的"，尽可能不使他说"不"。

"一个'否定'的反应"，奥佛斯屈教授在他的《影响人类的行为》一书中说，"是最不容易突破的障碍，当一个人说'不'时，他所有的人格尊严，都要求他坚持到底。也许事后他觉得自己的'不'说错了；然而，他必须考虑到宝贵的自尊！既然说出了口，他就得坚持下去。因此一开始就使对方采取肯定的态度，是最最重要的。

"懂得说话的人都在一开始就得到一些'是'的反应，接着就把听众心理导入肯定方向。就好象打撞球的运动，从一个方向打击，它就偏向一方；要使它能够反弹回来的话，必须花更大的力量。

"这种心理模式很明显。当一个人说'不'，而本意也确实否定的话，他所表现的决不是简单的一个字。他身体的整个组织——内分泌、神经、肌肉——全部凝聚成一种抗拒的状态，通常可以看出身体产生一种收缩或准备收缩的状态。总之，整个神经和肌肉系统形成了一种抗拒接受的状态。反过来说，当一个人说'是'时，就没有这种收缩现象产生，身体组织就呈前进、接受和开放的态度。因此开始时我们愈能造成'是，是'的情况，就愈容易使对方注意到我们的终极目标。

"这种'是的'反应是一种非常简单的技巧，但是被多少人忽略了！一般看来，人们若一开始采取反对的态度，似乎就能得到他们的自重感。激烈派的人跟保守派的人在一起时，必然马上使对方愤怒起来。而事实上，这又有什么好处呢？他如果只是希望得到一种快感，也许还可以原谅。但假如他要实现什么的话，他在心理方面就太愚笨了。

"一名学生，或顾客，或丈夫，或太太，在一开始就说'不'的话，你需要天使的智慧和耐心，才能使这一种否定的态度转变为肯定的态度。"

在加州奥克兰市主持卡耐基课程的艾迪·史诺，叙述他之所以成为一家商店的好顾客，只是因为那家商店老板婉转的话，使他说了"不错"这句话的关系。艾迪喜欢用弓箭打猎，并且在买弓、箭以及装备方面花了不少钱。当他弟弟来看他的时候，他想向常光顾的那家店租一支弓带他弟弟去打猎。但是店员说他们不出租弓，因此艾迪就打电话给另一家商店。艾迪描述了以后发生的事。

"一个声音听起来非常令人愉快的男士接听了电话，他对我租弓问题的答复和原来那一家商店完全不同。他说很抱歉他们不再租弓了，因为他们负担不起。然后他问我以前是不是租过弓，我回答说，'不错，几年以前'。他又提醒我当时可能要付25到30美元的租金，我又说了'不错'。

然后他又问我是不是一个希望省些钱的人，当然我又回答'不错'。他说明他们正在拍卖一些附有一切装备的弓，只要34.95美元一套，我只要付出比租金多4.95美元，就可以买下一整套。他解释这就是他们为什么停止出租弓的原因，他问我这样做是不是很划得来。我的'不错'的答复引导我去买一套弓,而当我去拿弓的时候,我又在他的店里买了一些其他的东西。并且从那以后,我便成为他们的固定顾客。"

尽量让对方说"是"魅力无穷。"雅典的牛虻"苏格拉底是个伶俐的老童心,虽然常打着赤脚,却在四十岁秃头的时候娶了一个十九岁的女孩子。他做了一件历史上只有少数几个人做到的事:他彻底地改变了人类的思潮。而现在,在他死后二十三个世纪,他还被尊为在这个争论不休的世界中最卓越的口才家之一。

他的方法是什么?他是否对别人说他们错了?没有,他太老练了,不会做那种事。他的整套方法,现在称之为"苏格拉底妙法",以得到"是,是"为根据。他所问的问题,都是对方所必须同意的。

他不断地得到一个同意又一个同意,直到他拥有很多的"是,是"。他不断地发问,直到最后,几乎不知不觉之下,他的对手发现自己所等到的结论,是他在几分钟之前所坚决反对的。

以自己的亲身经历打动听众

在演讲时,紧紧抓住观众的心,是每一位演讲需要做到的。平常的讲演如果能富含人情味的故事,必然更能引人入胜。讲演者应只讲述少数重点,然后以具体的事例做引证,这样建构讲演的诉求,一定会吸引听众的注意。

在《写作艺术》一书里,鲁道夫·弗烈区在某一章的开头这样写:"只有故事才真正可读。"他接着利用《时代杂志》与《读者文摘》来说明如何使用这条法则。他说，在这两份雄踞销量前三甲的杂志里，几乎篇篇文章都是以纯粹的叙述文来写的，或者是慷慨地缀满了趣闻轶事。无可否认的，故事在当众说话中，具有驾驭听众注意的力量。

诺曼·文生·皮尔（Norman Vincent Peale）的讲道，曾通过收音机和电视机被千千万万的人们所收听、收看。他说，在讲演中，他最喜爱运用实例作为支持自己论点的材料和方式。一次，他告诉《演说季刊》的一位采访人说："真实的例子是我所知道的最佳的方法。它可以使一个题目清楚、有趣，且具有说服力。通常，我总是使用好几个例证来支持每一个主要的论点。"

有一次，我要巴黎的一群美国商人就"成功之道"做讲演。他们大多数人都只列举一大串抽象的成功特质，并说经讲道似地大谈勤奋工作、坚持不辍及远大抱负的价值。

因此，我就中止上课，说了以下的这番话："我们都不想听人说教，没有谁会喜欢这些。请记住，一定要让我们感到愉快和有趣，不然，你说什么我们都不会注意。同时也请记住，世上最有趣的事情之一，莫过于精炼雅致、妙语生辉的名人轶事。所以，请告诉我们你所认识的两个人的故事，告诉我们为什么其中一个人会成功，而另一个人会失败。我们会很高兴去听。同时请记得，我们或者还能因为此例而获益匪浅。"

这班里有个学员，老是觉得要提起自己的兴趣或激起听众的兴趣比登天还难。可是这一晚，他却抓住了"人性故事"的建议。给我们讲述了他的两个大学同窗的故事。

其中一个同学目前的工作是在城里卖衬衫，并绘制图表，显示哪一件最经得起洗熨，穿得最久，且每块钱的投资能获得最大的利用。他的心思总是锱铢必较。之所以会这样，在他看来是因为他毕业后自视甚高，不愿像其他的毕业生那样从基层开始逐步往上爬。因此，第三年的同学聚会来临时，他仍旧在做他的衬衫洗熨表，仍然在等待特别的好差事到他这里来。结果，它压根儿就是不来。自那时至今，已过了四分之一世纪，而此人一生怨恨、不满，犹兀自担着小职位。

　　这个讲演者然后又把这段失败拿来和另一个同窗的故事相比照：这个同学已经超越了自己当初所有的预定目标。这位朋友易与人相处，人人都喜欢他。虽然他雄心万丈，志于成就大事业，却由绘图员做起。不过，他总在寻找机会。当时纽约世界博览会正在筹划阶段，他知道那儿会需要工程人才，所以就辞去费城的职务，迁往纽约。在那里，他与人合伙即刻就搞起了承包工程的业务。他们承揽了很多电话公司的业务，而此人也因此以高薪被"博览会"所聘用。

　　我这里所记，仅仅是这位讲演者所说的大要而已。他叙说许多逗人而充满人情味的细节，使得他的讲演妙趣横生。他继续说着，说着。这个人平常找不着资料做三分钟的讲演的，但是这一次等他住口时，却吃惊地发现这回足足讲了十分钟。由于讲得太精彩了，人人似乎都觉得太短了，意犹未尽。这是他首次真正的胜利。

　　人人都可因这件事而有所领悟。平常的讲演如果能富含人情味的故事，必然更能引人入胜。讲演者应只讲述少数重点，然后以具体的事例做引证，这样建构讲演的诉求，一定会吸引听众的注意。

　　当然，这种人情趣味材料的丰富泉源，正是自己的生活经历。不要因为觉得不该谈论自己便犹豫着不敢述说自己的经验。只有在一个人满怀敌意、狂妄自大地谈说自己时，听众才会觉得反感。要不然，听众对讲演者所叙的亲身故事是兴趣极大的。亲身经历是吸引听众注意力最稳当、可靠的方法，千万不可忽视。

把话说到点子上

做到要言不繁，说话时应多用短句，少用长句。短句易说易听，简洁有力，活泼明快。由于简洁有力，就可以表现激昂的情绪，坚定的意志。由于活泼明快，就可以干脆地叙事。这不为别人，更为自己。

人的一生中，想有好的人脉和好的生活必须有好的沟通方法，在这信息爆炸的时代，时间就是一切，短小精悍、要言不繁的话语可谓价值千金。

多年以前，一位哲学博士和一个年轻时曾在英国海军服役过、豪爽而粗鲁的家伙，一同进了我们纽约的一个训练班。这位儒雅的学者是位大学教授；而他的那位曾经遨游七海的同学却只是街旁的一名流动小摊贩。但是很奇怪的是，在这个演讲研习班中，那位流动小摊贩的演讲却远比这位大学教授更能吸引人。

为什么？这位大学教授措辞优美，台风温文儒雅，讲话有条理且清清楚楚；但他的谈话缺少了一项基本要素：细节。他的谈话太不明确，太过空泛了。那位流动摊贩却正好相反。他开口之后，就立即触及问题的核心。他演讲内容很明确，而且很具体、实在。这种特点，加上他充沛的男子汉活力，以及生动的细节，使得他的演讲十分吸引人。

我之所以举这个例子，是因为它说明了只有说话具体而明确的人，才能具备吸引别人兴趣的能力。

正能量
用信念改变自己

哈里·杜鲁门说过，一个字能说明问题就别用两个字。说话要简洁，语言要精炼，这样才能使听者在较短的时间里与说话者进行有效的沟通。简洁精炼的话语，包含着说话者高度浓缩了的思想感情、智慧和力量，它给人以明快有力之感，从而留下深刻的印象。

"言不在多，达意则灵。"讲话要精练，字字珠玑，简洁有力，使人不减兴味。冗词赘语，唠叨啰唆，不得要领，必令人生厌。

恩格斯指出，言简意赅的句子，一经了解，就能牢牢记住，变成口号，而这是冗长的论述绝对做不到的。历史上不少演讲大师惜语如金，言简意赅，留下珍贵的篇章。比如：林肯著名的葛底斯堡演说，堪称要言不烦、短小精悍的典范。他的演说全文仅仅十个句子，但是，演讲重点突出，一气呵成。林肯的演说辞大约600字，从上台演讲开始，到演说完走下台，前后用时不到3分钟，却赢得了台下一万多名听众经久不息的掌色，并轰动了美国和全世界。当时，有媒体评论道："这篇短小精悍的演说是无价之宝，感情深厚，思想集中，措辞精练，字句朴实，行文完美无瑕，完全出乎人们的意料。"

假如你的讲演听上去像是世界年鉴，你便无法持久地掌控台下听众的注意力。选个简单的题目，像是《黄石公园之旅》什么的，不过千万不要对园中每个景色都想说上一些，那样的话，听众无异于是被你挟持着，以令人头晕目眩的速度，由这一点奔至另一点。最后，存留在脑海之中的只剩下一些模糊的瀑布、山岭和喷泉。而应该把自己限定在公园的某一方面，例如野生动物或温泉，这样，便可以有时间推展出如描似绘的生动细节，使得黄石公园以鲜亮的颜色与无穷的变化活现于眼前，这场演讲该会是非常令人难以忘怀的。

这个道理用于任何题目都是适合的，不管它讲的是销售术、烤蛋糕、减免税赋或者是飞弹，都一样。开始之初，必得先加以限制和选择，把题目缩小到某一范围内，以便适合自己使用的时间。

在短短的不超过5分钟的讲演里，只能期望说明一两点而已。长些的，在可以达到30分钟的讲演中，演说者如果是想包含四或五个以上的主要概念，也是很少能够成功的。

让听众与你"零距离"接触

演说时最重要的，必须一开始就有立刻抓住听众兴趣的力量。不要听众觉得你演讲的是多么高深莫测的语言，就要在介绍观点之前，找到一个完美的契合点，让观众与你"零距离"接触，如此才能充分调动起听众的积极性。

著名的演讲家罗素·康威尔曾经参加过6000多场演讲，其中最著名的一篇演讲辞是《如何寻找自己》。你可能会想，重复这么多次的演讲，应该已经根深蒂固地刻在演讲者的脑海里了，演讲时的字句音调应该都不会有太大的改变了吧？

但事实并非如此，康威尔博士明白，每一位听众的知识水平与背景都各不相同，所以要让听众们感受到的演讲必须是能够理解的、活生生的东西，是特意为他们特别准备的。

为什么康威尔博士能在一场接一场的演讲中成功地维系演讲者、演讲与听众之间轻松愉悦的关系呢？

"每当我到一个城市或一个镇上时，"他写道，"我总会先去拜访那些学识渊博的经理、学校校长和牧师们；然后再走进不同的店铺里同普通的人们交谈，了解他们的历史和他们所拥有的发展机会。当了解完他们的想法和观点时，我才会发表我的演讲，对那些人谈论适合他们所在环境的话题。"

康威尔博士清楚地知道，成功的沟通有赖于演讲者把他的演讲变成听众的一部分，同时也使听众成为演讲的一部分。由于康威尔博士具有敏锐的洞察力和勤奋严谨的精神，所以尽管已经给大约6000场的听众讲过这一相同的题材，但同一种感觉的演讲从不会重复第二次。也正是因为这样的原因，《如何寻找自己》虽然成为了最受欢迎的演讲，但是却没有任何一本演讲词的副本让我们找寻。

康威尔博士的成功会让我们有所领悟：准备演讲时，头脑里一定要想着特定的观众。学习下面的方法，可以成功地帮助你建立与听众之间和谐的关系。

（1）根据听众的兴趣演讲。

这正是康威尔博士最擅长采用的演讲方式。听众们之所以对他的演讲感兴趣，就是因为在他的演讲内容中融入了与听众兴趣、生活息息相关的东西。他习惯在自己的演讲中加入许多当地人经常谈论的事情和他们熟悉的实例。这些与听众本身及其兴趣相关联的事情，不但能够牢牢地抓住听众的注意力，还能保证与听众之间的沟通顺利进行。

（2）真心诚意地赞赏听众。

听众的反应就是个人的反应。如果你敢公然地批评其中一位听众，必然会引起公愤；如果你对他们所做的事情表示赞美，你就会赢得通往他们心灵的护照。但赞美也需要认真地加以研究，因为你的赞美如果只是一些夸张、肉麻的词句，比如"各位是我曾面对的最有智慧的听众"，必定会被听众们认为是空洞的谄媚，因而感到厌恶。

我想引用著名的演讲家琼西·德普的话："你必须告诉他们一些有关他们自己的事，并且是一些他们完全想不到你会知道的事"。

（3）与听众建立友谊的桥梁。

尽快指出你和听众之间存在的某种直接关系是演讲中必不可少的一个内容。如果你很荣幸被邀请来做演讲，就不妨照实说出来。

在演讲中使用第二人称代词"你"，而不要使用第三人称"他，他们"，可以让听众保持高度注意力，也能让听众保持一种亲自参与的感觉。

（4）鼓励听众参与演讲。

你是否想过，在演讲中融入一点小小的表演技巧，就能让听众的思绪紧跟着你的讲话？如果你能在演讲时，让听众协助你展示某个观点，或是把你的观点戏剧化地表现出来，那么听众对你的注意力就会明显提升。这是因为当听众中的一个人被演讲者带入"表演"时,听众就会敏锐地注意在你的演讲中所发生的事。很多演讲者认为,演讲者与听众之间总是会有一堵墙,而你若能利用听众的直接参与,就可以轻易地推倒这堵墙。

(5)保持谦虚谨慎的态度。

真诚是演讲者与听众之间最不可或缺的基本要素。

如果在演讲中你想得到听众的敌视,最好的办法就是让他们感觉你的高高在上。演讲,就如同把自己放在橱窗里展示一样,人性中的每一侧面都会暴露无遗,只要你稍稍有一点自夸,就必定会全盘皆输;但你若完全表现得患得患失、很没有信心,那也是非常糟糕的。你可以谦虚,但不能表现出患得患失、很没有信心的样子。只要你谦虚地说出自己虽然才识有限,但一定会尽力讲好,听众自然就会喜欢你并且尊敬你。

借幽默强化感染力

幽默是一种智慧的表现,它必须建立在丰富知识的基础上。一个人只有具有审时度势的能力,广博的知识,才能做到谈资丰富,妙语成趣,从而做出恰当的比喻。要培养幽默感,必须广泛涉猎,充实自我,不断从浩如烟海的书籍中收集幽默的浪花,从名人趣事的精华中撷取幽默的宝石。

幽默是一种特殊的情绪表现。它是人们适应环境的工具,是人类面临困境时减轻精神和心理压力的方法之一。俄国文学家契诃夫说过:"不懂得开玩笑的人,是没有希望的人。"可见,生活中的每个人都应该学会幽默。多一点幽默感,少一点偏执极端。

许多时候，幽默可以淡化人的消极情绪，消除沮丧与痛苦。具有幽默感的人，生活充满情趣，很多看来令人痛苦烦恼的事，他们却能够应付得轻松自如。用幽默感来处理烦恼与矛盾，会使人感到和谐愉快。

此外，幽默可以表现出说话人的热情、温厚、可亲近性、心情轻松开朗等，从而使人喜欢他，愿意和他接近，抛开警戒心理和拘束感，喜欢听他说话，愉快而主动地来接受他的影响。

幽默又可以表现出说话人具有充分的信心，是一个强者，他正居于优势地位、主动地位。因为一个人如果是一个失去信心的弱者，正处于被动的劣势地位，那么他就没心情打哈哈了。所以幽默又是鼓舞士气，增强信心的有力武器。在危难之中，幽默往往比粮食和水都重要。具有幽默感的人，往往使人觉得他更有力量、更值得信赖，从他那里可以取得更多的慰藉，因而他对人们具有更大的吸引力，可以施加更大的影响。所以有句谚语说"笑是力量的亲兄弟"。又有人说"世界上没有哪一个伟大的革命家、艺术家是没有幽默感的"。

一个缺乏幽默感的人，要想变得有幽默感，虽不可能像一个坐着的人想站起来那样简单易行，但如果注意一下幽默感的构成，平时有意识地多作锻炼，经过一段时间的努力，还是可以取得很大成效的。

对人们而言，运用幽默的时候，要求出乎意料之外，在乎情理之中。也就是说，联想的跨度大，但又巧妙、合理。

美国著名小说家马克·吐温的机智幽默是久负盛名的。有一次他到一个小城市去，临行前别人告诉他，那里的蚊子很厉害。到了那里以后，当他正在旅馆登记房间时，有一只蚊子在他面前来回盘旋，店主正在尴尬之时，马克·吐温却满不在乎地说："你们这里的蚊子比传说的还要聪明得多，它竟会预先看好我的房间号码，以便夜晚光顾。"大家听了不禁哈哈大笑。于是全体职员出动，想方设法不让这位作家被那预先看好房间号码的蚊子叮咬。

马克·吐温的幽默，首先就在于出乎人们意料之外，谁也想不到他会说这蚊子是来预先看好房间号码；但再一想那蚊子在旅客登记簿上盘旋不去的神态，又觉得这一比喻实在是又合乎情理、又妙不可言，因而会使人们忍不住大笑起来。显然，我们在前面所说的幽默的各种作用，都收到了效果。人们感到这位大作家温厚可亲、有强烈的感染力，懂得了他婉转的批评，所以立刻高高兴兴地来加以改正。

要影响对方、感染别人、改变别人的态度，就必须晓之以理和动之以情。而一般性的原则和抽象的论证如果没有具体的例子，是缺乏说服性和感染力的。

情感是组成态度的重要因素。我们要影响一个人的态度，就必须首先动之以情。而情感总是和具体的事物联系在一起的，抽象的东西是很难触动人的情感的。所以要动之以情，就需要有具体的例子、有切身的体验。另外，即使在"晓之以理"的方面，仅仅依靠一般原则和抽象论证也是很难使人透彻理解的。理解是和例子密切相关的。如果举不出例子，就是没有理解。

所以我们可以这样说，例子是影响别人的重磅炸弹。一个恰当的例子比一百句抽象的论证和说明都更有感染力，更能获得人们的信赖，更能给人们以智慧和启迪。

出色口才来自于不断练习

一个好的口才不是天生的，它需要后天不断地练习。通过练习，一方面练就好口才，一方面也可以培养内涵、增长知识。要对自己有信心，下定决心，不断加强联系，不久就会成为一个知识渊博，口才很棒的人。

演讲的内容要有思想和智慧，一个演讲者必须要是一个思想者，一个人说了半天话，而听众总是听不懂他在讲什么，这对于演讲者来说是失败的。

正能量
用信念改变自己

一个人只有具有良好的思维方式,才能有可能成就有思想的演讲。

有一次,一位渴望学习法律的青年写信向林肯求教。林肯回复说:"如果你已下定决心要做律师,事情已成功一半有余。一定时时记住,你自己必成的决心比任何别的事情都重要。"

林肯是明白的,他是过来人。终其一生,他所受过的正规教育总共不超过一年。在他的小木屋里总有柴火燃烧终夜,有时他会就着火光读书。小木屋的墙壁有裂缝,林肯往往就朝那儿塞上一本书。等到早晨天亮得可以看书了。

他会走上二、三十里去听人演讲,回到家以后,就到处练习演说——在田野间,在树林里,在人头攒动的聚会中。他在女性面前很害羞,当他追求玛丽·泰朵时,总是坐在走廊上,羞涩而沉默,找不着话说,只听着她一个人唱独角戏。然而就是这个人,他在家里穷读不休,到处勤练不停,直到把自己塑造成一位讲演者,进而更与当时最杰出的雄辩家道格拉斯参议员大开辩论,一决雌雄。也就是这个人,他在盖茨堡,接着又在第二次总统就职演说里,崇论宏议,冠绝古今。

白官的总统办公室墙上悬有一幅林肯像。"常常当我有事情要决定时,"西奥多·罗斯福说,"像一些复杂而难以处理的事情,像一些权益相冲突的事情,我就会抬头看着林肯,假想他处于我的位置,设想他在相同的情况之下会采取什么办法。听来也许荒唐,可是真的,每次看一眼他,就使我的问题容易解决得多了。"

我们为什么不试试罗斯福的方法呢?假若你消沉沮丧,想要放弃做个更有效的演说者,为何不问问自己,他在这样的情形下会怎么办?你是知道他会怎么办的。在他竞选参议员席位却败给道格斯以后,还殷殷地告诫自己的拥护者,不可以"在1次或100次挫折之后就告放弃"。由此可见,出色口才来自于不断练习,我们在日常生活中应注意:

(1)要寻找机会练习说话。

沟通的方式也会影响我们的工作,现在就来进行这方面的讨论。身为销售员、经理、团体领袖、教师、律师，我们都身负职责，需要向他人解释专业领域里的知识，并给予职业性的指导。我们是否能以清晰、简明的语言来做这些解说，经常是上司用以判断我们能力的标尺。

从事"说明"的演说练习，可以养成快速思考与敏捷对话的技巧，然而这种技巧却决不限于正式的讲演——它可以为我们每个人在日常生活中所使用。最近，在各职业组织里风起云涌的口头沟通的课程，更加说明了各行各业对有效沟通的讲求与重视。

在日常交流中使用本书中的法则，常会使你意外地获得大丰收。除此而外，还应寻找每一个可以当众说话的机会。要怎么做呢?建议你参加一个有当众说话机会的俱乐部。不要只做个不活跃的会员，要施展浑身解数，帮助处理委员会的工作，大多数这样的工作都是要到处求人的。

（2）要持之以恒。

我们学习任何新东西时，比如学法语、高尔夫球或当众说话，只要肯坚持，多半都会取得稳定进步。我们的表现也许会像一波波的浪潮忽起忽落，然后我们会静止一段时间，或者我们甚至可能出现停滞或者衰退，这种现象是所有心理学家都十分了解的。这段时期常常被称之为"学习曲线中的高地带"。

学习有效讲演的学生们有时也会在这些高地上受阻达数周之久。也许他们辛苦努力了半天，就是无法摆脱这样的窘境。意志薄弱的人也许会因绝望而放弃，有胆识的勇者却会坚持。然后他们会忽然发现，几乎是一夜之间，也不知道是什么原因，奇迹就发生了。他们已突飞猛进。他们像飞机由高起飞，陡地便使自己的讲演获得了自然、力量和信心。

只要坚毅不拔，不久你所有的顾虑都会一扫而光。包括这种初期的恐惧，而它也就仅止于初期的恐惧了。说过了开始的几句话，你就会完全控制住自己，你就会自信而欢喜地讲下去。

正能量
用信念改变自己

展现自己口才魅力的艺术

发挥自己的口才魅力影响他人，征服人心，是许多成功人士建立良好人际关系、打通交际困局的关键。口才正能量的一个重要内容，就是用魅力影响人。

充分利用身体的语言，再加上这个世界上任何一切好的东西，二者的总和，构成了"口才"的重要组成部分。"口才"的好与坏，就在于一个人语言艺术的好与坏。

一个人平时的一言一行，一举手一投足，都会折射出他的素质修养品行，都将影响到别人。别人对他的评价好与坏，可以说这一因素占了很大比重。

我们与人相处，有些人虽然话不多，但我们却喜欢和他呆在一起，因为他能让你感到轻松愉快；有的人逢人便滔滔不绝，夸夸其谈，这不但不让我们喜欢，反而令我们十分讨厌，总想与之拉开一段距离。有的公司职工干部精诚团结，公司搞得红红火火，他们尊敬自己的公司领导，情愿鞍前马后效劳；有的公司，职工干部工作不积极，互相扯皮，人心涣散，致使工作无法开展。出现这些不同情况的原因是什么呢？

这主要就是人的素质修养问题。

气质与外貌漂亮与否并没有什么关系。关键是看你能否通过你的面部表情、形体动作、语言等展示你迷人的个性气质。真正能打动人的是气质，而不是外貌的漂亮。

在实际生活中，有的人谈吐精神抖擞，情感丰富，口若悬河，表情自如，显示出超人的才干和气质，博得了听众的喜爱和青睐；有的人窘迫不安，语无伦次，面部表情麻木，手足无措，让人大失所望。这两种不同的气质可以说是截然不同的。

每一个人都具有一种理想的自我形象，这就是心理学上所说的"理想自己"。"理想自己"往往被赋予很高的价值。尽管这些人来自于不同地方，成长在不同环境，各自具有不同的自我形象，但他们也许具有一些共同点，如俊美的仪表，丰富的情感，敏捷的思维，畅达的语言等，而且都希望给对方留下亲切善良、聪慧正直、才学渊博的印象。但是，不管"理想自己"是多么完美，都必须通过自己的一言一行体现出来，争取在表现自己的魅力中把它发挥得淋漓尽致。

在表现魅力时，一个重要的方面就是自信。自信是基础，它是使人情绪定位的核心，对能否发挥作用至关重要。当双方彼此面对，互相注目时，也许因为环境的变化或多或少地引起一些紧张感。但它有助于让你的注意力高度集中，认真思考。

如果是过度紧张，往往会影响发挥，使自己的意思不能完全表达。在这种情况下，进行自我调控，强调自信就十分重要。这时要充分看清自己的优势，促持头脑清醒，绝不能流露出半点的不安和胆怯。稍后，这种紧张感会慢慢消失，所以应注意随时调整好自己的音调、节奏与表情、动作配合，随意自如地发挥自己的魅力，给别人留下良好的印象。

在日常生活中，我们常常会发现这样两种截然相反的现象：善于交际的人，无论走到哪里，无论在什么样的环境中，都可以口若悬河，滔滔不绝，赢得素不相识人的好感；不善于交际的人则往往在和别人寒暄几句之后就觉得无话可说，只能相对无言，尴尬万分。

美国人际关系学家阿尔伯特·爱德华·威根在他的研究报告《探索你的心理世界》一书中指出："在一年内失去工作的4000名职工中，只有400人即总数的10%是因不能胜任工作而被开除的，其余的90%则是因为不能很好地处理人际关系而被解雇。"

美国技术协会在对一万人的情况记录作分析研究后,也得出类似的结论:90%的人因为不能成功地交往而失败了。人际交往如此重要,如此必要,那我们有怎么能忽视呢?

毋庸置疑,与人交往不是一种无意识的行为,而总是有一定的动机或者是为了获得信息,或者是为了争取别人对自己提出意见的理解,归根到底一句话,就是为了维护自己的利益,为了满足自己的需求。

九　习惯正能量
好习惯成就高效能人生价值 <<<<<<<<

　　相信大家都知道一个好习惯的重要性，它能令我们受益终生。事实上，良好的工作习惯不仅能够大幅度提高我们的工作效率，还能让我们免去烦恼和疲倦的困扰。

　　如果说生命是一片充满生机的原野，那么，好习惯就是这片原野上悄然踏出的一条心灵之路。有了这条路，就不会在慢慢的岁月里迷失自我；有了这条路，就能去漫游我们的理想之国，就能一天比一天更走进我们渴望中的新生活。

——引自卡耐基《快乐的人生》

有责任，才会有能力

在具体工作中，工作完成得好坏，能力是条件，责任是根本。在工作中，不愿意承担责任，不愿意付出劳动就不会有良好的工作效率和工作结果。本质上说，责任是出色工作的动力和源泉，是做好本职工作的基础。一个有责任感的人必然会爱岗敬业。

罗曼·罗兰说过："伟大的人和渺小的人同样有一种责任。"每个人都承担着自己的那份责任，这是个人必备的道德修养。责任心是促进我们每个人进步，推动社会发展的动力。一个人如果没有责任心，就会失去人们的信任，失去立身之本，就终无所成就。

责任从本质上说，是一种对工作高度的使命感，是一种义不容辞的担当，是一种责无旁贷的义务。它是一种使命，一种做人的态度。责任多种多样，小而言之，在家庭中，作为父母，你要尽到做父母的责任；作为儿女，你同样要尽到做儿女的责任。往大的方面说，在国家，你是一名公民，有维护祖国荣誉的责任；在企业，你是一名员工，有做好本职工作，为企业发展贡献力量的责任；这些责任都是不可推卸的，是每个人应尽的责任。也是社会发展不可或缺的动力，如果没有了这种责任感，不敢想象社会会变成什么样子？

有没有责任感，是对一个人的基本要求。不管在工作还是生活中，有责任感的人能够对自己做出的事情负责，能够不遗余力地完成属于自己的任务。同时，责任感也反映了一个人的精神境界。我们一般可以看出，有责任感的人，绝不是个人中心主义者，他人的、集体的、国家的利益总是先于自己的利益。在家庭生活中，他们孝敬父母，呵护家人，毫无怨言地挑起最重的担子。在社会生活中，他们对属于自己的义务总是全力以赴，从不会袖手旁观或推给别人。责任感也是一个人的思想品德的表现。

通常，有责任感的人，他们的价值观是在帮助别人获得幸福中得到满足，而他们自己却少有索求，因而表现在实际行动中，有责任感的人总是顾全大局、忍辱负重、任劳任怨、助人为乐、谦逊礼让。他们表里如一，心境澄明，人前人后一个样，有无名利一个样。他们从不追名逐利，但对于失误、不足却又不推诿、不塞责。

其中最重要的是对待工作要有责任心。每个人都希望有一份完美的工作，每个人都希望享受生活的乐趣：拿着一份不菲的收入，并且有自己可以大量自由支配的时间，能自由自在地游览世界各地，而且没有人对你指手画脚。

遗憾的是，这种工作根本不存在。很难想象有哪种工作会令人十分满意。即使给你一份很好的工作，但如果总是一成不变的话，再充满乐趣的工作也会变得枯燥乏味，就像鸡肋一样，食之无味，弃之可惜。

生活就像一面镜子，你向它展示什么，它就会给你什么。如果我们对工作不感兴趣，那么我们不管做什么都无法崭露头角；如果我们对自己所从事的工作充满兴趣，那么我们就会做出惊人的成绩，生活也会充满乐趣。

石油大王洛克菲勒曾有句名言：每天早晨醒来，一想到所从事的工作和所创造的未来将会给人类生活带来巨大影响和变化，我就会无比兴奋和激动。

如果你想跨进成功之门，就必须持有一张"责任心"的门票。有了责任心，一定会认真思考，勤奋工作，细致踏实，实事求是；有了责任心，做每一件事都会坚持到底，按时、按质、按量完成任务，圆满解决问题；有了责任心，一定能主动处理好分内与分外的工作，有人监督与无人监督都能一样工作；有了责任心，一定会从大局出发，以工作为重，而不会只把精力放在揣摩领导的意图、了解领导的好恶上；有了责任心，一定会做到不为失败找借口，只为成功想办法；有了责任心，一定会忠于职守，尽职尽责，勇于承担责任。

太阳有照耀大地的责任，雨露有滋润万物的责任。人有履行义务的责任，一个人只有不辱使命，才能做一个有责任感的人。朋友们，行动于今天，别感叹于明天。既然来到这个世界，我们就应该负担起作为这个世界的人所应该担负的责任。勇敢的做一个对自己、对家庭、对社会有责任感的人，才能无愧于自己的人生。

出了问题不要找借口

今天的成绩是你过去努力的结果，如果你对今天的成绩不满意，说明你过去的努力不够，如果你今天只是抱怨而不采取行动，那留给明天的还是抱怨。不要为自己的失败找借口，要为成功找方法，机会永远只属于那些最努力学习，最努力工作的人。

我们常常习惯于为自己的失误找无数个"正常"的理由，并且理直气壮地为自己辩解和开脱。事实上，是我们习惯了推卸责任，习惯了为自己找借口，习惯了让自己"舒适"地停留在职业生涯的某一级台阶，而不知主动再攀登。

计划当日完成的事情搁浅了，我们会说，因为临时来了别的事情，所以耽误了；本该注意到的细节疏漏了，发生严重后果后，我们会为自己辩解说，虽然这件事情是我执行，但是负责统筹的上司没有及时提醒我，所以不算是我的错。

千万富翁卡罗·道恩斯原来只是一名普通的银行职员,后来受聘于一家汽车公司。工作6个月之后,他想试试是否有提升的机会,于是直接写信向老板杜兰特先生毛遂自荐。老板给他的答复是:"任命你负责监督新厂机器设备的安装工作,但不保证加薪。"

道恩斯没有受过任何工程方面的培训,根本看不懂图纸。但是,他不愿意放弃这个机会。于是他发挥自己的领导才能,自己花钱找到一些专业技术人员完成了安装工作,并且提前了一个星期。结果,他不仅获得了提升,薪水也增加了10倍。

"我知道你看不懂图纸。"老板后来对他说,"如果你随便找一个理由推掉这项工作,我可能会让你走。我最欣赏你这种工作不找任何借口的人!"

作为一名员工,在工作的时候,只要不把借口摆在面前,就能够尽职尽责,把工作完成得很出色;只要以"只要责任、拒绝借口"来要求自己,就会跨越工作中的任何困难,工作自然也会达到一个梦想的高度,能力也会在无形之中得到提高。

要想赢得他人的信任,成为一个敢于负责任的人,就必须改掉推脱责任的坏习惯。犯了错误有什么理由要解释时,你自己首先要反省,我的理由是不是客观事实?然后,回头看看自己的行为,如果自己确实有错误的地方,就应该勇敢地承担责任,诚恳地承认错误,并且要改正自己的行为,积极地寻求补救的办法。聪明的员工,就在于会勇于承担自己的责任,积极地寻找并把握谋求企业利益的机会。也只有这种员工,才是领导心目中值得栽培的人才。

借口就是一个推卸责任、掩饰弱点的"万能器",很多人把宝贵的时间和精力放在了如何寻找个合适的借口上、却忘记了自己的职责和责任;借口还是一张敷衍别人、原谅自己的"挡箭牌",它扼杀人的创新精神、让人消极颓废;借口更是一剂鸦片,让你一而再、再而三地去品尝它,逐渐地让你变得心虚、懒惰、遇到困难就退缩，最终丧失执行的能力。

其实，在每一个借口的背后，都隐藏着丰富的潜台词，只是我们不好意思说出来，甚至我们根本就不愿说出来。借口让我们暂时逃避了困难和责任、获得了些许心理的慰藉。但是，借口的代价却无比高昂，它给我们带来的危害一点也不比其他任何恶习少。有一则这样的小故事：

有一个替人割草的小男孩，打电话给布朗太太："您需不需要割草工？"布朗太太回答："不用，我已有割草工。"男孩又说："我会帮您拔掉草丛中的杂草。"布朗太太回答："我的割草工已经做了。"男孩又说："我会帮您把草与走道的四周割齐。"布朗太太说："我请的那人也已做了，谢谢你，我不需要新的割草工人。"男孩便挂了电话。此时男孩的室友好奇地问他说："你不是就在布朗太太那儿割草打工吗？为什么还要打这个电话？"男孩说："我只是想知道我究竟做得好不好！"

是啊，多问自己一句"我做得如何"，这就是责任，这就是担当，为自己也为他人。我们很多人每天被动地应付工作，为工作而工作。我们没有在工作中投入自己哪怕一半的热情与智慧。相反只是机械地完成任务。工作之余，很少有人会问自己："我做得如何？"而去不停地抱怨自己所受的待遇、岗位、工作环境等。要知道，抱怨的越多，失去的也就越多，不断找借口，只会让自己一事无成并且日渐懒散，最终变成颓废的无用之人。

调整心态，主动付出，摒弃借口，学会担当，做一个对自己负责的人，包括对工作和生活负责。因为付出必定会有收获，而对自己负责就是对他人和所在团队负责。

因付出而意外得到的收获带给我们心灵的喜悦，会让我们产生前所未有的幸福感和成就感，这种幸福感和成就感也会无形中让我们对自己要求更高，从而每天都有进步，哪怕只有1%，哪怕只是心态变得越来越健康。

> 正能量
> 用信念改变自己

严格按照工作流程做事

流程管理可以改变大家以前的工作习惯，重塑一种新的工作习惯，所以在企业实施流程管理的前期，大家都会觉得很别扭、不习惯，甚至出现效率低下的现象。其实，这些都是正常的。因为流程解决的不是哪一个人的效率问题，而是整体的效率问题。随着人们对流程的熟悉、磨合及不断优化，这种效率就会变得非常明显。

严格按照规定的程序办事，自觉养成严谨细致的工作作风，从工作态度、工作习惯、工作细节抓起，无论大小事情都要全身心投入，严肃认真对待，避免出现政策性、常识性、技术性的问题。在工作中间，经常思考问题，不断增强工作的前瞻性以更好地完成工作。

美国杜邦公司的托马斯，是一名比较有个性的销售员，他凭借出色的能力和努力，很快在工作中取得了不错的成绩，从一线队伍中脱颖而出。

然而，他特别讨厌填写各种"申请""报表"等，他认为，销售业绩决定一切，客户第一，自己第二，公司排行第三。

他也不喜欢参加各种会议，实在脱不开时，也是坐在最后一排想自己的事。他不愿意总结自己业务方面的经验教训，更不屑于学习别人好的经验。对领导安排的事情，要么忘记，要么不做，即使公司要他回复，也要公司打电话问他才有回音。

像这样的员工,他们的结局可想而知,他们抱怨并拒不执行公司流程的行为,使他们失去了职场发展的机会,而他们还茫然不知。托马斯也不例外,最终被杜邦公司辞退。

从这个判断标准来看,很多人虽然作出了所谓的业绩,但其实并没有被领导器重,因为他们没有按流程执行。我们必须牢记,首先,不按流程执行本身就是工作态度的错误;其次,流程设计的目的就是提高效率并减少失误,所以,我们拒绝流程,也就意味着给自己带来犯更多错误的机会。

英国壳牌运输贸易公司(简称壳牌公司)创始人是马库斯·塞缪尔在退休时曾经说过这样一段话:"我作为一个壳牌公司的高层人员离退,将不会对壳牌公司的日后运营产生任何影响,因为我在这里已经和其他同事为企业建立了高效标准的工作流程,我的价值已经固化在壳牌公司的管理标准中了,因此我走以后,壳牌公司还会一如既往的正常运行下去。"壳牌公司现在的发展也明确验证了他的伟大前瞻性。

所谓优秀的企业,是由极少数的精英制定规则,使得平凡的人在这样的规则下,完成一个伟大的事业。不能够让平凡的人完成艰巨任务的企业一定不可能做大。

其实,员工的工作,是否按流程执行,是否遵守制度,是执行力的最基本表现。很多企业的规模做大了,但竞争力却并没有得到相应的提升,原因就在员工的执行基础不扎实。

员工往往出现自己都没有注意的错误,就是当他们不按流程执行的时候。他们并没有意识到,虽然某些工作环节看似不重要,并且不会对工作结果产生直接的影响,但如果他们对每个工作环节都做不到位,最后得到的工作效果,必然是不合格的。

日本人邮寄东西有重量限制,超过5千克要另外收费。一次,有人寄一封夹两张信纸的信。按照中国人的做法,两张信纸想都不用想,肯定不会超过5千克,所以根本用不着再去称重量。但日本邮局的工作人员不这么想,他不管你要邮寄的东西有几千克,拿过来走的第一个程序就是过秤。秤显示出来的重量不超标,他才会做第二道程序。

日本人之所以这么严格要求自己，有什么样的流程，就会有什么样的结果。如果我们不能把每个工作流程都做到完美，最后的结果，就一定不完美。

多从自己身上找差距

如果出现了错误记住，只有从自己身上找原因，才能改正错误，才能不重犯同样的错误，才能避免将来受到更大的伤害。

先为大家讲述一件发生在美国海军陆战队的故事。

有一天，一名军官下部队去看望士兵。在军营里军官看见一名士兵戴的帽子很大，大得快把眼睛都遮住了，他走过去问这个士兵："你的帽子怎么会这么大？""报告长官，不是我的帽子太大，而是我的头太小了。"士兵立正说道。军官听了哈哈大笑，"头太小不就是帽子太大吗？"士兵说："一个军人，如果遇到点什么事情，应该先从自己身上找原因，而不是从别的方面找问题。"

军官点点头，似有所悟。10年后，这位士兵成了一名伟大的少将。

如果每一个人都能够像这位士兵一样，首先从自身去找原因，哪里还有做不好的工作？哪里还有时间去埋怨这个，埋怨那个？我们只会从自身找差距，并通过不断的学习，努力完善自己，缩小自己与他人的差距。

失败了，要敢于承认。哪怕是有不公正的原因，也不要盲目责怨。要知道，你了解的情况很片面，很主观。一旦失口说出了很没有水准的话，那才是失败到底了。这次失败，并不意味着永远的失败。也可以理解为，这次所谓的机会，对你来说可能并不是机会。因为你看到了，也意识到了，有人比你的条件更好。

在人生的道路上，有时快一步，有时慢一步，这很正常。成功了，不沾沾自喜。失败了，不消极气馁，这才是正确的态度。

长期在公司底层挣扎，时刻面临着失业危险并且已进入中年的强森来到公司老总的办公室，他讲话时神情激昂，抱怨公司不愿意给自己机会。

"那么你为什么不自己去争取呢？"老总问他。

"我曾经也争取过，但是我不认为那是一种机会。"强森依然愤愤不平。

"能告诉我那是什么吗？"

"前些日子，公司派我去海外分公司工作，但是像我这样的年纪，怎么能经受如此折腾呢？"

"为什么你会认为这是一种折腾，而不是一种机会呢？"

"难道你看不出来吗？公司本部有那么多职位，却让我去如此遥远的地方。我有心脏病，这一点公司所有人都知道。"

老总无法确认是否公司所有人都知道强森有心脏病，如果有的话，真希望他肝火不要那么旺。老总更倾向于认为他犯了一种最严重的职业病：总以为自己做的是对的。

"失败了，先从自己身上找原因"，听起来好像很简单，做起来却并不容易。这需要一股勇气，也需要较强的心理素质。懦弱的人不愿意面对挫折，不愿意承认是自己造成眼前的局面。但是越是如此，下一次就越难吸取教训，犯错、失败也就会变成惯性。

人生要有大目标，也要有小目标。目标可以生发出动力，促使我们不断进取。不要盲目地以为自己不行，或者说没有机会了，失去机会了。事在人为，只要有付出，就会有收获。我们需要清醒，需要想得开，需要深刻，但太过了，也会失去动力，失去机会，失去目标。目标是什么，在哪里，是否可行。不能只靠自己的判断，要站在众人的角度去确定标准。好高骛远不行，一旦实现不了，就会使锐气削减。过于现实也不行，违背了常理，也就失去了意义。

安逸的环境会扼杀人的创造力。安逸了，就会养成贪图享受的恶习。忘记了，或者根本不知道创造的快乐。吃苦、作难，是可以磨练人的意志和能力的。吃苦、作难，叫人深刻，让人体会真正的人生。

遇事，多从自身找原因。能够这么认识，能够找到原因，会让我们迅速走出失败的阴影，以平和的心态渡过难关。前边的路还很长，相信一定有美丽的风景值得我们期待。

千万不要只为薪水工作

作为一个职业人要时刻谨记，不要只为薪水而工作，工作所给予你的要比你为它付出的更多。如果你一直努力工作，一直在进步，你就会有一个良好的、没有污点的人生记录，使你在企业甚至整个行业拥有一个好名声，稳定快乐的工作将陪伴你一生。

在很多人的眼中，薪水是自己身价的标志，绝不能低于别人，他们刚创业，就期望自己能富甲一方，他们只知道向老板索取高额薪酬，却不知自己能做什么，更不懂从小事情做起，实实在在地前进。

这种为了薪水而工作的行为是不明智的，它使人往往被短期利益蒙蔽了心智，看不清未来的发展道路。于是在职场上，频频出现这样的现象：

第一：对工作敷衍了事。他们认为老板付给自己的薪水太少，所以就对工作敷衍了事。他们工作时，缺乏热诚，以应付的态度对待一切，能偷懒就偷懒，能逃避就逃避，以此来表示对老板的抱怨。他们工作往往是为了得到这份工资，而从来没想过这会与自己的前途有什么联系。

第二：到处兼职，身兼两职、三职，甚至数职。多种角度不停地转换，长期处于疲劳状态，工作不出色，能力也无法提高，最终谋生的路越来越窄。

第三：时刻准备跳槽。他们总是认为现在的工作薪水这么少，从而时刻准备跳到薪水更好的单位。

但事实上，很大一部分人不但没有越跳越高，反而因为频繁地换工作，公司因怕泄露机密等原因，不敢对他们委以重任；由于他们过于热衷"跳槽"，对工作三心二意，很难得到老板的信任；那些不满于薪水底而敷衍了事的人，固然对老板是一种损害，但是长此以往，无异于埋没了自己的才能。

工作固然是为了生计，但绝不仅仅是为了生计。比生计更可贵的，就是在工作中充分挖掘自己的潜能，发挥自己的才干，做正直而纯正的事情。如果将工作视为一种积极的学习经验，那么，每一项工作中都包含着许多个人成长的机会。

一个人做他适合且喜欢的工作，在工作中发挥最大的才华、能力和潜在素质，不断地自我创造和发展，他就能做到自我实现。能自我实现的人，往往会把工作视为一种创造性的劳动，视为一种使命，竭尽全力去做好它，使个人价值得到实现。

在美国，有一位年轻人取得博士学位后，自愿进入一家制造燃油机的公司担任质检员，刚开始薪水比普通工人还低。工作半个月后，他发现公司生产成本高，产品质量差，于是他便不遗余力地说服公司领导推行改革以占领市场。身边的同事对他说："公司给你的薪水也不高，你为什么要这么卖命呢？"他笑道："我这样是为我自己工作，这是我的事业。"一年后，这个年轻人被晋升为副总经理，薪水翻了几倍。

　　没错，薪水是我们工作价值的一种反映，是对我们工作的一种回报。我们需要薪水，用以满足我们基本的物质生活和精神生活的需求。但如果你只为薪水而工作，那就意味着你把薪水看成是工作的目的，当成是工作的全部。只为薪水而工作，就像是活着只为吃饭一样，大大降低了工作的意义和生命的意义。

　　所以，如果你只为薪水而工作，那么不仅会让你在工作上失去动力，而且也会让你的生命失去光彩。一个有着敬业精神的员工是不会只为薪水而工作的，他们就像故事中的年轻人一样，将工作看成自己的事业。当他们把工作当成事业后，就没有干不好的事。

　　曾经听过一个讲座，其中有一句话我记忆比较深刻："修鞋期间，我干的比别人好，因为我修的用心，质量可靠，速度还比别人快，赚的钱也比别人多。所以不管现在所做的事情多么平凡，都不要气馁，要力争在做小事情时就出类拔萃。"

　　但凡成功的人身上都有一种做事认真负责的态度，他们不管工作岗位多么低微，不在意工资的多少，他们懂得为自己工作，积极进取，这往往是事业成功者与失败者之间的不同。

　　职业交换薪水，事业创造价值。每个人工作都有目的：把金钱置于第一位，你就很可能一直处于贫穷之中；而把事业置于第一位，你很快就会走上致富之路。

　　当你把工作看作是一种快乐时，生活就变得美好；当你把工作看成一种任务时，生活就变成了奴役。其实工作是为了自己，不必在乎别人的说法，努力工作，从工作中获取快乐与尊严，这是一个非常有意义的工作，能实现你人生的价值。这样，你的人生会更辉煌，生命会更加灿烂。

让自己成为不可替代的人

不要淹没在别人的光辉里,要让自己灿烂夺目。每个人身上都有最优秀而独特的地方,这份优秀不会与任何人重复,只属于你自己,哪怕你与别人的差别只是那么一点点,可正是这一点微妙的不同让人与人之间区别开,形成独特的唯一的自我。

每一份工作都可以打开一扇命运的大门,钥匙就在自己手上。工作从来不是给老板做的,实际上那是自己的一个舞台。大舞台、小舞台都是舞台,你就是一个角色。每一个角色都可以令人终身难忘,只要你是自己的主人,不再像个仆人一样,等别人使唤,而是主动地,出乎意料地,演出精彩的角色。

如果一个出租车司机,懂得把电话留给顾客,懂得时常问候顾客,懂得提醒顾客帮助他们不要落下东西,懂得给顾客提供额外的方便,比如雨伞,比如交通拥堵的时候,额外的关注。我相信,就这样,他可以积累数千个忠实客户,可以轻松地拥有生意,可以不必满街乱跑,消耗汽油。

如果一个人愿意做好服务员的工作,这个人一定可以成为一个好的老板。服务员其实比老板更有机会,因为真正的机会在于顾客而不是老板。给钱发工资的也不是老板而是顾客。对老板可以横眉冷对,对顾客却要有一份心意。

成为客户心中不可替代的人,这就是成功的开始。只要多一份心,就可以找到这一把关键钥匙。无论生意大小、工作岗位如何,每一个都有脱颖而出的机会,可以人们总以为机会是上天给的,却不知道,你才是自己的上帝。

一些生物学家在研究中发现了一个很有趣的现象，在搬运食物的蚂蚁中，有少数蚂蚁总是"偷懒"。大部分的蚂蚁都很勤快，争先恐后地寻找和搬运食物，而那些少数的蚂蚁却总是东张西望地不干活，他们是如何在蚁群中生存的呢？

为了解开这个疑惑，生物学家做了一个实验：他们把这些懒蚂蚁做上标记，断绝蚂蚁的食物来源，并破坏了蚂蚁窝，然后观察结果。

这时，发生了令生物学家意想不到的事情，那些勤快的蚂蚁只会一筹莫展，而懒蚂蚁则"挺身而出"，带领伙伴向它早已侦察到的新食物源转移。接着，他们再把这些懒蚂蚁全部从蚁群中抓走，实验者马上发现，所有的蚂蚁都停止了工作，乱成一团。直到他们把那些懒蚂蚁放回去后，整个蚁群才恢复到繁忙有序的工作中去。

大多数蚂蚁都很勤奋，忙忙碌碌，任劳任怨，但他们紧张有序的劳作往往离不开那些不干活的懒蚂蚁。懒蚂蚁在蚁群中的地位是不可替代的，他们能看到事物的未来，能正确地把握当前的行动，使自己在蚁群中不可替代。

原来如此，那些"懒蚂蚁"才是不可替代的蚂蚁。这也可以解释为什么有的人在工作中看似清闲，可有可无，却始终身居要位，薪水不菲。

只有不可替代的人，才不会被社会所淘汰。

每一天，我们在生活中都会遇到各种各样的困惑，比如，我们是否真的无可替代？如果我们对他人来说是一个可有可无的角色，那么我们怎样才能让自己变得无可替代呢？那些已经在自己的领域拥有重要位置的人，都是拥有良好心态的人。

一个人只有树立了让自己变得不可替代的想法，才能在生活中在事业上有所作为，才能有坚定的毅力保持不断的学习，不断地提升自己。当自己在别人眼中变得重要起来的时候，我们便成功了一半。周围的人会欢迎你这个积极进取、并能作出重要贡献的朋友，朋友们会敬佩你，同事们会尊重你，顾客们会欣赏你。一个不可替代的人，将会得到老板的肯定和奖励，不断获得更多的机会和更高的报酬。

西班牙著名的智者巴尔塔沙·葛拉西安在其《智慧书》中告诫人们："在生活和工作中要不断完善自己，使自己变得不可替代。让别人离了你就无法正常运转，这样你的地位就会大大提高。"

并非只是掌握着某种非凡技能，处于某种特殊岗位的人才是不可替代的。平凡的工作者，只要将自己的本职工作做好，做到精益求精，同样可以使自己变得不可替代。

每天都有人在失业，他们在抱怨着命运的不公，社会福利的不公。是现在不需要那么多人工作了吗？不，每天都不断出现的招聘启事足以证明答案是否定的。大多数老板们所需要的员工并不是最出众的，而是需要朝气蓬勃与尽职尽责。很多员工觉得自己的工作不重要，觉得自己不重要，于是在工作中没有积极性，最终因为粗心、懒惰，做不好分内的事情而遭到解雇。老板想要的，是那些"不可替代"的积极工作的人。

努力学习，让自己成为不可替代的人，这才能让一个人在激烈的竞争中始终处于优势。

健康是人一生的财富

大家都知道，要有健全的头脑，就应有健全的身体。这是至关重要的。保持身体健康，才能在工作中精力充沛，得心应手。

健康是别人夺不走的资本，拥有这一资本，你就能取得更多的财富，使你终生受用不尽。健康对你的生活和工作都起着重要的作用。对于健康，很

正能量
用信念改变自己

多人的体验是，积极的心态会给人体健康带来好处，消极的心态则可能引发疾病。

"我每天过得越来越好。"有些人每天在醒来和就寝前都要把这句话朗诵好几次。对他们来说，这句话并不是华而不实的语言表达，而是说明健康来自积极的心态。一个人心存消极思想，这是一件危险的事。现实生活中，到处都有人因为他们内心的挫折、仇恨、恐惧或罪恶感，而给自己的健康造成伤害。

因此，保持身体健康的秘诀是，首先要摆脱所有不健康的思想。我们必须洁净自己的心灵，为了身体的健康，先除去心中的消极念头。许多家报纸曾报道过这样一则新闻：

有一名男子在过马路时不幸被车子撞倒而丧命。验尸报告说，这个人有肺病、溃疡、肾病和心脏衰弱。可是，他竟然活到了84岁。给他验尸的医生说："这个人全身是病，一般情况，30年以前早该去世了。"有人问他的遗孀，他怎么能活这么久?她说："我的丈夫一直确信，明天他一定会过得比今天更好。"

还有人认为，在运用积极心态方面，多使用积极的表述，也有利于身体健康。语言文字是有影响力的。如果你经常运用积极的话语来描述你的健康状况，便可能激发对你身体有利的积极力量。而你的思想无论是积极还是消极，都会影响你内在的各种器官的健康。

曾任美国精神治疗协会会长的卡特博士在谈到一个人所持的肯定态度对健康的影响时，甚至反对人们使用像"我今天不会生病"这样的说法。他认为那只是半积极的态度，应该改为"我今天觉得比昨天好"，这才是非常积极的陈述，因而是一种引导健康的想法。卡特博士说："肯定的态度是以科学的事实为基础的，这些事实得自生物学、化学、医学等。正确地运用肯定的态度将有助于改善你的健康，延长你的寿命，使你精力充沛，倍感幸福，从而在各方面取得成功，并且还能替你保持一件最主要的东西——那就是心里的平静。

一个健康的人须具备强健的体魄，其内容主要包括以下几点：

（1）健全的身体。

人体从外部来讲，分作头部、躯干和四肢三大部分，从内部来分，又分作器官、系统等等。只要这些生理部分不缺损，就是一个健全的身体。

（2）完整的机能。

人的每一个器官，每一个系统，都具有一定的功能，比如手，是用来参与社会实践的，需要推、拿、弹、提；脚，是用来走路的；眼，是用来观察和摄取自然现象的；而耳朵，则是用来听的……这些生理机能，如果没有缺乏，那就是具有完整的生理机能。

（3）健全的大脑。

大脑，是人所拥有的最重要的物质器官，是人身体的重要组成部分，是人协调自身的各项机能和各项活动的中枢，也是人处理人与人或人与自然之间矛盾的司令部。大脑的健全与否，直接影响人类的社会活动。

你的身体和思想是合一的，实际上是一个"身心"，你的"身心"和自然是合一的。你的身体和思想的健康是不可分的，任何影响到你健康思想的因素，同样会影响你的身体；反之亦然。

同时，你的身心健康也会受到自然法则的规范，它对于你身心的规范和对于树木、山脉、鸟和动物的规范并没有什么不同。

因此，想要了解保持身心健康的方法必须先了解自然界的法则，你必须和自然和谐相处而不是要和它对抗。人的心智是伴随着身体才能存在的，由于你的身体受到大脑的控制，所以，想要得到健康的身体就必须具备积极的心态、健全的意识。务必在工作、娱乐、休息、饮食和研究方面，都能培养出良好而且平衡的健康习惯。

为了保持健康的意识，应从良好的生理健康，而不应从病态或不健全的角度进行思考。无论你的思想集中在哪个方面，它都能使这方面的事情成真——包括经济上的成就和身体的健康。为了使自己能以积极的态度培养及保持健全的意识，使你的内心远离消极思想和消极影响因素，必须创造和保持平衡的生活。

工作之后娱乐，思想活动之后从事体力活动，严肃之后保持幽默。如果能持之以恒，必能保持良好的健康状况和快乐的心情。如果你能以积极心态生活，就能得到健全的思想和健康的身体，有了健康的体魄之后，我们才可以享受健康长寿的生活，才能让我们的周围洋溢着青春的活力和拥有幸福的氛围。

告别不良饮食习惯

一个良好的饮食习惯对于身体健康来说是至关重要的。习惯决定健康，要想身体好，工作效率高，请远离不良的饮食习惯。

饮食习惯是指人们对食品和饮品的偏好。其中包括对饮食材料的偏好，烹调方法的偏好，以及烹调风味及佐料的偏好。饮食习惯是饮食文化中的重要元素。世界各国人们的饮食习惯由于受到地域、物产、文化历史的种种影响而十分多元。

众所周知，维持生命，需要吃饭。正所谓，习惯决定健康，要想身体好，工作效率高，请远离不良的饮食习惯。

（1）吃得过少。

一些人出于减肥的目的，经常节食。吃得少的人，特别是不吃早餐的人常容易疲乏犯困。早晨需要上学的学生或受上班时间限制的工薪人员，常有不吃早餐的。一次、两次不吃，久而久之成了习惯。

然而，营养学研究证明，早餐是人一天中最重要的一顿饭。早餐是启动大脑的"开关"。一夜酣睡，激素分泌进入低谷，储存的葡萄糖在餐后8小时就消耗殆尽，而人脑的细胞只能从葡萄糖这一种营养素获取能量。早餐如及时雨，能使激素分泌很快进入高潮，并为脑细胞提供能源。

如果早餐吃得少，会使人精神不振，降低工作效率。时间长了还会使人变得疲倦无力，头昏脑胀，情绪不稳定，甚至出现恶心、呕吐、晕倒等现象，无法精力充沛地学习和工作。

（2）吃得过多。

大量进食后，胃肠为了完成消化吸收任务不得不增加血液供给，这样大量的血液流向消化道，外周组织和大脑的供血就会相应减少，特别是大脑，它不能储存能量，所以一旦缺血缺氧，能量代谢就会发生障碍，直接影响到脑功能的正常发挥，使人感到困倦。

新近的研究资料还显示，若长期饮食过饱，可加速脑动脉硬化，容易引起老年性痴呆。为此，有关专家提醒大家，无论男女老少其饮食都不宜过饱，特别是老年人应以七成饱为宜。

（3）过食油腻食物。

偶尔摄入过多脂肪对身体并无大碍，但是如果是高血脂患者摄入过多脂肪，就会使本已超标的血脂更高。这时人不但容易困倦，而且稍一剧烈活动还会增加心脏负荷从而加重疲劳感。

（4）过食海鲜。

海鲜食品含有一种叫谷氨酸钠的物质，也就是味素的主要化学成分，它在消化过程中能分解出谷氨酸，谷氨酸钠进入人体后经转化可合成δ—氨基丁酸。δ—氨基丁酸是一种抑制性神经递质，生成不足，容易引起中枢神经系统的过度兴奋，如出现狂躁或者抽搐。但是生成过多就会对中枢神经系统产生抑制作用，使人昏昏欲睡。

（5）过多摄入含色氨酸食物。

色氨酸是人体必需的氨基酸，它可以促进大脑神经细胞分泌血清素。血清素具有抑制大脑思维活动的作用。因此摄入色氨酸含量较多的膳食，人就容易产生疲倦感和睡意。富含色氨酸的食物有小米、牛奶、香菇、葵花籽、黑芝麻、黄豆、南瓜籽、肉松、油豆腐、鸡蛋等。

（6）运动后大量喝酸性饮料。

人体经过剧烈或大量运动之后，体内便会积累较多的乳酸，此时大量喝酸性饮料，就会使体内酸性代谢产物积聚，使人疲劳感加重。这时合理的方法就是多食用一些清淡易消化的食物，以蔬菜、水果等碱性食物为最佳。

冰岛居民终年进食熏羊肉及熏鲑鱼，其人群中的癌症死亡者有50%以上是胃癌患者。资料表明进食过烫食物可使口腔黏膜充血、受损而发生溃疡，粗糙食物、进食过快可对食管黏膜造成机械性的刺激，这些均可能是食管癌发病的原因之一。

摄取黄曲霉毒素污染的食品与肝癌发生相关，东南亚地区温暖潮湿的气候为食物的霉变提供了条件，因而肝癌的发病较高，长期嗜吃油腻食物、奶类等高脂肪饮食者，会使体内血脂增高，增加胆汁分泌，因而导致胆汁中的胆固醇呈高饱和状态而易形成结石；吃甜食过多，会使体内胰岛素分泌增加，促使胆固醇形成和积累，从而容易形成胆结石；经常不吃早餐，空腹过久，可导致胆汁分泌减少，胆酸含量减少，形成高胆固醇胆汁而生成结石。所以，胆结石患者要从调整饮食结构开始，预防胆结石。

随着美国社会经济的快速发展，人们的膳食结构和饮食习惯发生了很大的变化，粮、豆和薯类在膳食结构中的比例明显下降，动物及油类的摄入量随之增加，过多食用猪肉、牛肉、羊肉能使结肠癌和肾癌发生的危险性增高；过多摄入动物性脂肪和蛋白质可增加子宫内膜癌及卵巢癌的发病率；吃多了经腌、熏、晒及炸等加工处理的食物，将与消化道的口咽、食管、胃和胰腺及鼻腔、喉等部位癌症的发生关系密切。

让自己不再疲劳

紧张是一种习惯，放松也是一种习惯，而坏习惯应该消除，好习惯应该保持。

是什么使你疲劳呢？心理治疗家认为，我们感到的疲劳，多半是由精神和情感因素引起的，英国最有名的心理分析学家海德薇在他的《权力心理学》里说："我们感到的大部分疲劳，都是心理影响的结果。实际上，纯粹由生理引起的疲劳是很少的。"

哪些因素会导致疲劳呢？当然是烦闷、懊恨，一种不受赏识的感觉以及忙乱、焦急、忧虑等。这些感情因素使人容易感冒，使工作成绩下降。我们之所以感到疲劳，是因为我们的情绪使身体紧张。

为什么在从事脑力劳动的时候。也会产生这些不必要的紧张呢？何西林说："几乎所有的人都相信越困难的工作就越得用力做，否则就不能做好。"所以我们一集中精力就皱起了眉头，耸着肩膀，让所有的肌肉都"用力"，实际上这对我们的思考根本没有丝毫帮助。

那么，怎样才能放松呢？是先从思想上还是先从神经上开始？都不是，应该先从肌肉开始，首先您要放松眼部肌肉，然后可以用同样的方法放松您的脸部、颈部和整个身体。

但是，你全身最重要的器官，还是你的眼睛。芝加哥大学的艾德蒙·杰可布森博士说，如果你能完全放松你的眼部肌肉，你就可以忘记你所有的烦恼了。在消除神经紧张方面眼睛之所以如此重要，是因为它们消耗了全身能

正能量
用信念改变自己

量的四分之一。这也就是为什么很多眼力很好的人,却感到"眼部紧张"。

下面是帮你学会怎样放松的几项建议:

(1)随时放松你自己,使你的身体软得像一双旧袜子。

我在工作的时候,常常在桌子上放上一双红褐色的旧袜子,提醒我应该放松到什么程度。如果你找不到一双旧袜子的话。一只猫也可以。你是否曾经抱过在太阳底下睡觉的猫呢?当你抱起它时,它的头就像打湿了的报纸一样塌下去了。印度的瑜伽术也教你,如果你想要放松,应该多去瞧瞧猫。我从来没有见过疲倦的猫,也没有看到过患精神分裂症、风湿病,或担忧染上胃溃疡的猫。要是你能学猫那样放松自己,大概就能避免这些问题了。

(2)工作时采取舒服的姿势。

许多人在办公室里要消耗许多时光,但是他们不注意自己的坐姿,很容易引起各种疼痛和身体损伤。姿势正确,是减少疲劳与损害的关键。此外,保持一个姿势久了,还要注意变换一下姿势,这样可以让身体各个部分保持一种休息的状态,从而减轻损害。

(3)每天自我检查。

问问自己:"我有没有使自己的工作变得比实际上的更繁重?我有没有使用一些和我的工作毫无关系的肌肉?"这些都有助于你养成放松的好习惯。

(4)每天晚上再检查一次。

问问你自己:"我到底有多疲倦?如果我感觉疲倦,这不是我过分劳心的缘故,而是因为我做事的方法不对。""我算算自己的成绩,"丹尼尔·何西林说,"不是看我在一天工作结束后有多疲倦,而是看我多不疲倦。如果哪一天过完后我感到特别疲倦,或者是我感觉自己的精神特别疲乏的时候,我会毫无问题地知道,这一天不论在工作的质和量上都做得不够。如果每个企业家能学会这一点,因神经紧张引起疾病致死的比例就会马上降低了。而且,我们的精神疗养院里,也不会再有那些因为疲劳和忧虑导致精神崩溃的人了。"

十　形象正能量
充分展示自信，永葆青春活力 <<<<<<<<

　　良好的外表犹如一支美妙的乐曲，它不仅能够给自己提高自信，而且也能为他人带来审美的愉悦，使自己办起事情来信心十足。如果第一印象不好的话，你便要花大把的精力来挽回你在他人心中的形象。

　　要给别人以良好的第一印象，首先体现在外表上，包括设计什么样的发型、穿什么样的衣服、戴什么样的眼镜等。而更重要的是外表之下的东西，原则是要尽量真实，用微笑拉近距离，展示得体的行为举止，遵守交际场合的礼仪，都会让你成为众人眼中的耀眼明星。

——引自卡耐基《快乐的人生》

"首因效应"帮你完美亮相

不注重个人印象的维护,不重视第一印象的巨大影响,你就会在人际交往中失败。只有通过提高自身修养来装饰自己的形象,才能为将来的成功奠定基础,搭好台阶。

第一印象又叫初次印象,它指两个素不相识的人,在交往过程中所获得的对对方最初的印象。获得第一印象的途径有两条:一是通过双方的直接接触,从而获得对方外表的印象,如相貌、身材、表情、举止、装束等;二是在双方见面前已经通过别人的介绍或者从报刊、广播、电视等大众传播工具中了解到对方的情况,这是通过间接的途径获得某人的第一印象。从产生第一印象的性质来分可以分为静态的第一印象和动态的第一印象,前者是双方见面时得到对方相貌、身材、仪表等一般外在的印象,后者是通过对方在某一事件中表现出来的行为而产生的印象。

心理学家研究发现:人们第一印象的形成非常短暂,只有几秒到几十秒之间。辛纳·左宁博士在《沟通》一书中曾有这样的记述:"当你在社交场合遇到陌生人时,你应该在最初几分钟把注意力集中到他的身上。很多人的际遇会因此而改变。"因此,最初与人交往的时候,一定要先给他人留下一个深刻的良好的第一印象。

在社会心理学中,由于第一印象的形成所导致的在总体印象形成上最初获得的信息比后来获得的信息影响更大的现象,称为首因效应,也叫最初效应。

正能量
用信念改变自己

心理学家阿希1906年以神学院的学生为研究对象做过一个实验。他让两组大学生评定对一个人的总的印象。对第一组大学生，他告诉这个人的特点是"聪慧、勤奋、冲动、爱批评人、固执、妒忌"。很显然，这六个特征的排列顺序是从肯定到否定。

对第二组大学生，阿希所用的仍然是这六个特征，但排列顺序正好相反，是从否定到肯定。

研究结果发现，大学生对被评价者所形成的印象高度受到特征呈现顺序的影响。先接受了肯定信息的第一组大学生，对被评价者的印象远远优于先接受了否定信息的第二组。这意味着，最初印象有着高度的稳定性，后继信息甚至不能使其发生根本性的改变。

良好的第一印象是最佳名片，尤其是在初次见面的时候。我们的表情、体态、仪表、服装、谈吐、礼节等形成了对方对我们的第一印象，如果别人和你在一起的时候能够感觉到快乐、自然、舒服，那么他们大多会主动地关心你并乐意为你效劳。这其中，得体的仪表举止会为你加分不少。这些方面看似是生活中的小节问题，但如果处理不当，也影响到你的社交形象。

第一印象是难以改变的。因此在日常交往过程中，我们都会在形象上下很多功夫。比如：衣服要选择得体的，干净的，见面的地点要事先约定好的，包括见面的目的等，无外乎是想给对方留下一个很好的印象。有了好印象的第一次，才会有进一步接触的第二次，如果没有良好的第一次，又怎可能有后续呢？这也就是我强调第一印象的重要性，因为它是个开始，想要继续，就一定要重视第一印象。

那么，怎样才能给对方留下良好的第一印象呢？

（1）发挥自己的长处。

如果你发挥自己的长处，别人就会喜欢跟你在一起，并容易同你合作。所以，与人交往，要充满自信，并尽可能地发挥自己的长处。

（2）适应不同的场合。

最懂得与人交往的人，会因场合不同而改变自己的表现。一成不变不会给人留下美好印象。不管是与人亲密地倾谈，还是发表演说，都要在保持自己的同时，因时因地有所变化。但要注意不要给人造成言行不一的不诚实感觉。

（3）放松心情。

要使别人感到轻松自在，你自己就必须表现得轻松自如。不管遇到什么严重的事情，心理上都要尽量放松。学点幽默，不要总是神色严峻，或做出一副永远苦闷的样子。

（4）善于使用眼神、目光。

不管是跟一个人还是一百个人说话，一定要记住用眼睛望着对方。一进入坐满人的房间时，应自然地举目四顾，微笑着用目光照顾到所有的人，这会使你显得轻松自若。不要避开众人的目光。

当然，第一印象虽然十分重要，但不能为了赢得良好的第一印象而突然改变自己的性格，不要摆出虚假的姿态，只要保持真我，最佳状态的真我就足够了。事实上，你已经有了给别人留下良好印象的神奇力量，因为没有人能比你自己表现得更加出色，从而给人留下一个好印象。

微笑是你最好的名片

真诚的微笑是交友的无价之宝，是人脉沟通的最好名片，是社交的最高艺术，是人们交际的一盏永不熄灭的明灯。因此，无论你走到哪里，都要面带微笑，笑脸相迎。这样，你就会有颇丰的人生收获。

生活并没有拖欠我们任何东西，所以没有必要总苦着脸。应对生活充满感激，至少，它给了我们生命，给了我们生存的空间。

正能量
用信念改变自己

　　一个人的情绪受环境的影响，这是很正常的，但你苦着脸，整天闷闷不乐，对处境并不会有任何的改变。相反，如果微笑着去生活，那会增加亲和力，别人也更乐于跟你交往，得到的机会也会更多。

　　只有心里有阳光的人，才能感受到现实的阳光，如果连自己都常苦着脸，那生活如何美好？生活始终是一面镜子，照到的是我们的影像，当我们哭泣时，生活在哭泣，当我们微笑时，生活也在微笑。

　　微笑是对生活的一种态度，跟贫富、地位、处境没有必然的联系。一个富翁可能整天忧心忡忡，而一个穷人可能心情舒畅；一个身体健康的人可能烦闷悲伤，而一位残疾人可能坦然乐观；一位处境顺利的人可能会愁眉不展，而一位身处逆境的人可能会面带微笑。

　　微笑是人生最好的名片，谁不希望跟一个乐观向上的人交朋友呢？微笑能给自己一种信心，也能给别人一种信心，从而更好地激发潜能。

　　微笑是朋友间最好的语言，一个自然流露的微笑，胜过千言万语，无论是初次谋面也好，相识已久也好，微笑能拉近人与人之间的距离，令彼此之间倍感温暖。

　　微笑是一种修养，并且是一种很重要的修养，微笑的实质是亲切，是鼓励，是温馨。真正懂得微笑的人，总是容易获得比别人更多的机会，总是容易取得成功。

　　在你想要和别人交朋友前，你必须先了解微笑的力量有多大。怀伯尔曾说过一句名言："有些事，让你必须花费很大的代价，但却只能给生命带来短暂的价值。而微笑，却能让你以最少的代价，得到最大的回报。"真挚的笑容，是全世界通行的见面语。

　　微笑，就像温暖的情绪阳光，而其他人则乐于沐浴其中。

　　W·詹姆士曾经说过："行为基本上产生于情感之后。可是实际上，行为与情感是形影不离的。我们可以通过制约受意志直接支配的行为，来间接地调节不受意志控制的情感。譬如说，尽管没有什么理由，但要努力去微笑，不一会儿，微笑的理由也就产生了。"这就是说，你如果装出一副高兴的样子，那么你的心里就会逐渐产生高兴的情绪。

整日愁眉苦脸的人，没有意识到自己忽视了一个最有魅力的特点。出生两个月的婴儿，见了母亲的微笑就会露出笑脸，到了五个月的，看到母亲皱眉头时，他们就会哭泣，进入托儿所和幼儿园后，他们就会模仿教师的表情了。关于这种表情的模仿，人们进行过许多研究，这里不打算具体地加以引用。总之，孩子在出生后所接触的，如果全是温和、开朗、具有幸福感、经常保持微笑的人，这对于他们性格的形成无疑是十分重要的。

由此可见，微笑是多么重要啊！难怪喜剧作家查理·查浦林说："微笑吧，即使你的心已碎。"

总而言之，当你面对自己喜欢的人时，别忘了多微笑一下，然后张大眼睛，你会看到微笑的力量：它可以很轻松地使一个你相熟的人变成你的朋友。那么，如何时常保持微笑呢？

（1）真正的微笑，首先需要内心的真诚。

机械的，习惯性的，完全是装模作样的微笑，只不过是颜面神经的一种"痴性"而已。一个人通过训练，虽能够笑得很优美，可是内心如果并不真正想笑，那么他的笑肯定感染不了别人。

（2）人处在不良心境下，注意提醒自己保持微笑。

生活中，人们往往对许多事情感到索然无味，失去了生活的乐趣，容易悲观失望，对挫折的承受力也下降了。而这时的面部表情常常是呆板的，这样的表情是人际交往中的障碍。所以人总希望尽快地从这种状态中摆脱出来。这时候，自我改变面部表情——微笑就是一个简便易行的办法。

（3）如果你的心情忧郁不快，不妨从改变表情入手。

你可以先对镜子练习微笑，尽量使肌肉放松下来，笑得自然，同时想些生活中曾使你快活发笑的事情，练习数次就能自然而然地发笑了。

（4）即使别人用锐利的目光看你，你也应该报之以微笑。

对于生性乖僻、腼腆的人，我们若能笑脸相迎，相互间的隔阂就会消失，对方紧绷着的脸就会很快地松弛下来，并露出笑容。这种笑容，好比是投向水面的小石块，能不断地增加和扩大亲切友好的涟漪。

人格魅力比什么都重要

没有高尚的人格,就没有幸福的人生;没有高尚的人格,便没有崇高的事业。有人格魅力的人往往能够在成功的道路上畅通无阻。每个人都应该明白:一旦拥有了人格魅力,在无形之中就等于建立了自己的竞争优势,这就叫"人格魅力资本"。

在当今社会中,为人处世的基本点就是要具备人格魅力。何为人格魅力?首先要弄清什么是人格。人格是指人的性格、气质、能力等特征的总和,也指个人的道德品质和人的能作为权力、义务的主体的资格。而人格魅力则指一个人在性格、气质、能力、道德品质等方面具有的很能吸引人的力量。在今天的社会里一个人能受到别人的欢迎、容纳,他实际上就具备了一定的人格魅力。

人格魅力不是追求完美,而是发展积极的心态,表现真实的自我。人格魅力不是刻意表现的,人格魅力的气质存在于骨子里,人格魅力应该是一种自然的发散。

一个健康的人格不是本身就具有的,需要一点一点地积累起来。平时注意培养自己正确的思想观念,良好的心态,乐观的生活态度,来塑造自己的人格魅力。

事实上人格魅力并不是一个整体性的概念,它并不要求其所包涵的方方面面都对他产生一定的吸引力,往往是其中的一个或者几个方面决定。而这些因素由于精力、控制能力、心理调适能力的有限性,形成一种此消彼长的关系。

其次，人格魅力指一个人的人格对他人的吸引力，每个的喜好不同、经历不同，被吸引的对象也不相同。与此相对，每一个人几乎都不可能让所有的人都能喜欢自己。而对于我们来讲，每一个人都是一个独立的个体，其他的人我们不可能掌控，唯一可掌控的就是我们自己，按照自己的要求不断提升自我。以能力提高为基础，提升自己的形象，陶冶自己的情操，形成自己的风格。以一种开放包容的心态去面对他人的评价，悦纳他人的建议，容忍他们的缺点。

再次，人格魅力的显现是一个或短或长的过程，或许有的人进入某个场合就会成为全场的焦点，而有的人却可能像一杯茶，只有慢慢品尝才知道其中的味道。有些东西只有等一个人长大成熟才会真正对它有所认识。

具体来说，人格魅力的性格特征表现在如下几个方面：

第一，在对待现实的态度或处理社会关系上，表现为对他人和对集体的真诚、热情、友善，富于同情心，乐于助人和交往，关心和积极参加集体活动；对待自己严格要求，有进取精神，自励而不自大，自谦而不自卑；对待学习、工作和事业，表现得勤奋认真。

第二，在理智上，表现为感知敏锐，具有丰富的想象能力，在思维上有较强的逻辑性，尤其是富有创新意识和创造能力。

第三，在情绪上，表现为善于控制和支配自己的情绪，保持乐观开朗、振奋豁达的心境，情绪稳定而平和，与人相处时能给人带来欢乐的笑声，令人精神舒畅。

第四，在意志上，表现出目标明确，行为自觉，善于自制，勇敢果断，坚忍不拔，积极主动等一系列积极品质。

具有上述这些良好性格特征的人，往往是在群体中受欢迎和受倾慕的人，或可称为"人缘型"的人。

美国通用汽车公司的创始人威廉.C.杜兰特曾经说过："那些伟大的领导者、伟大的公司、伟大的组织之所以伟大，不仅仅因为他们所具备的能力，还因为他们的个性。"他挑选手下做重要的行政助理，首先便是以人格高尚为挑选的重要标准。他甚至还经常对手下员工说，他认为"人格"是事业成功的最重要的因素之一。他说："没有人能准确地说出'人格'是什么，但如果一个人没有健全的特性，便是没有人格。人格在一切事业中都极其重要，这是毋庸讳言的。"

公司要发展，大老板要成功，一定要获得骨干部属的认可、信任、追随、配合。如此，员工面对机会、挑战和改革时，才能积极合作，实现众志成城的完美结局。

因此，一个组织的领导人不但本身具有超乎一般的意志，并且能将自己的意志力像电流一样传导给追随者，使整个团队具有同样坚强的意志力。

研究表明，绝大多数富豪都有自己独特的人格魅力。很多人恰恰没有认识到这一点，当他们把目光盯在富豪们的财富上时，张口闭口就是钱。他们没有意识到，那些情操高尚的财富拥有者的思想，往往比金钱本身更重要。

良好的礼仪是财富

糟糕的举止会搞糟一切。相反，良好的举止会弥补一切。它使我们说出的"不"字带上了金色，使真理变得甜蜜，使我们自身增加了三分美丽。

人们在创造优美物质环境的同时还应创造和谐的人际环境。生活的意义在于不断创造和进取。同时，还应在复杂的人际关系中表现、欣赏和发展自己，从中享受无尽的乐趣。一个人能否对现实社会或周围环境有良好的、积极的适应是衡量他心理健康状况的重要标准。

良好的教养对于一个人成功具有巨大的推动作用，教养甚至可以代替财富。对于有教养的人，所有的大门都向他们敞开。他们即使身无分文，也随时随地会受到人们热情的接待。假设有这么两个人，他们在其他方面都一样，只是在待人处事方面不同：一个谦和友善、助人为乐，举手投足无不具有绅士风范；而另一个举止粗鲁轻慢，对人总是吹毛求疵，没有一点合作精神。很显然，前者的事业会蒸蒸日上，后者只会江河日下。

从交际的角度来看，礼仪可以说是人际交往中适用的一种艺术，一种交际方式或交际方法，是人际交往中约定俗成的示人以尊重、友好的习惯做法。

社交礼仪作为一种文化，是人们在社会生活中处理人际关系，用来对他人表达友谊和好感的符号。讲礼仪可以使一个人变得有道德，讲礼仪可以塑造一个理想的个人形象，讲礼仪可以使你的事业成功，讲礼仪可以使得社会更加安定。礼仪是个人乃至一个民族素质的重要组成。

（1）礼仪是个人美好形象的标志。

礼仪是一个人内在素质和外在形象的具体体现；礼仪是个人心理安宁、心灵净化、身心愉悦、个人增强修养的保障。当每个人都抱着与人为善的动机为人处事，以文明市民的准则约束自己时，那么，所有的人都会体验到心底坦荡、身心愉悦的心情。

（2）礼仪是人际关系和谐的基础。

社会是不同群体的集合，群体是由众多个体汇合而成的，而个体的差异性是绝对的，例如：性别、年龄、贫富、尊卑等。礼仪是社会交往的润滑剂和黏合剂，使不同群体之间相互敬重、相互理解、和谐相处。

（3）礼仪是各项事业发展的关键。

职业是人们在社会上谋生、立足的一种手段。讲究礼仪可以帮助人们实现理想、走向成功，可以促进全体员工团结互助、敬业爱岗、诚实守信，可以增强人们的交往和竞争实力，从而推动各项企、事业的发展。

洛克是英国著名的政治思想家、哲学家和教育思想家，生活于17世纪中叶和18世纪初。他指出，人的衣服可以由裁缝做得很合适，人的动作可以由教师教得很协调，但是这些事情固然可以使他显得很体面，却没有一样能够使他变成一个受过良好教养的绅士。即使他还具有学问也是不够的，因为弄得不好，学问反而可以使他在与别人交往的时候更加无理，更加令人难受。

由此，礼仪是在人的一切另种美德之上加上的一层藻饰，使它们对他具有效用，去为他获得一切和他接近的人的尊重与好感。没有良好的礼仪，其余一切成就会被人看成骄夸、自负、无用或愚蠢。

洛克说，没有教养的人有了胆量，胆量就会带有野蛮的色彩，而别人也必以野蛮相看待；学问就变成了迂气；才智就变成了滑稽；率直就变成了粗俗；温和就变成了谄媚。没有礼仪，无论什么美德就都会变样。他说，美德是精神上的一种宝藏，但是使它们生出光彩的则是良好的礼仪。

美国成功学家马尔登也说过：文明的举止，还有这背后所蕴藏的对人的体谅、关心，是我们人生的一笔巨大财富。不同的举止，可以使我们或者恼怒，或者平静；或者兴高采烈，或者羞愧难当；或者与禽兽为伍，或者与圣贤同列。这种东西好像是我们日常呼吸的空气一般，平时我们感觉不到它的存在，但润物细无声，天长日久、一点一滴地对我们产生作用。这种绵里藏针的力量，是那种匹夫之勇所不能比拟的。它是我们日常社交生活的润滑剂，是整个社会减少损耗、高效运转的助推剂。

握手大有讲究

握手是人际交往和商务活动中司空见惯的见面礼，它是社交和商务活动中一个公开而又神秘的使者，可以表示欢迎、友好、祝贺、感谢、敬重、致歉、慰问、惜别等各种感情。在与他人的交流过程中，重视握手这一细节，会让你给人以良好的第一印象。

在所有的交往礼节中，握手是最常用、最普通的礼节。史前时期，人类的祖先以打猎为生，世界对他们来说是充满着危险的。因此，当陌生人相遇时，如果双方都怀着善意，便伸出一只手来，手心向前，向对方表示自己手中没有石头或武器，走近之后，两人互相摸摸右手，以示友好。这样沿袭下来，便成为今天人们表示友好的握手。

关于握手礼来源的另一种说法是：中世纪时，骑士们都穿着盔甲，全身披挂后，除两只眼睛外，其余都包裹在铁盔甲里，随时准备冲向敌人。如果表示友好，互相走近时就应脱去右手的甲胄，伸出右手，表示没有武器，互相握手，这是和平的象征。

握手可以表示欢迎、友好、祝贺、感谢、敬重、致歉、慰问、惜别等各种感情。聚散忧喜皆握手，此时无声胜有声。不论是分别重逢，邂逅相遇，还是日常交往，人们总要行握手之礼。能在各种场合轻松自如地与人握手，是现代社会中每个人都应学会的交往礼仪。

握手是一种公认的见面礼节，但在有些情况下，如果不懂得握手的学问，很可能闹出笑话，或者使对方处于尴尬境地。有些人和朋友见面握手时，总不大讲究，抑或是随随便便，或者是过于冒失。这是一种失仪的态度，给人留下很坏的印象。

玛丽·凯·阿什是美国著名的女企业家。她退休后创办了化妆品公司，公司开业时，雇员仅有9人，但20年后却发展成年销售额超过3亿美元的大公司。玛丽·凯为何在晚年能取得这么大的成功呢？

玛丽·凯说，她是从懂得握手的力量开始的。以前，她为一家公司做业务员。有一次，对方公司整整开了一天的会议，为了不失去这个推销机会，她一直等了3个小时，希望能同经理握一握手。

可是，这个经理同她握手时，连瞧都不瞧她一眼。这极大地伤害了她的自尊心，工作热情再也调动不起来了。当时，玛丽·凯下定决心："如果有那么一天，有人排队等着同我握手，我将把注意力全部都集中在同我握手的人身上，不管我那时有多么累！"

这一天果然来临了。从创立公司那天开始，玛丽·凯多次同几百人握手。握手那一刻，玛丽·凯总是回想起当年所受到的冷遇，因此，她一直热情友好而又全神贯注地与每一个人握手。

在人际交往中，人们见面握手时，到底谁应先"出手"呢？严格来讲，应根据握手人双方的社会地位、年龄、性别和宾主身份来确定，一般遵循"尊者决定"的原则。基本礼节如下：

（1）在平辈的朋友中，相见时先出手为敬；

（2）年长者先向年轻者伸手；

（3）身份地位高者先向身份地位低者伸手；

（4）长辈先向晚辈伸手；

（5）女士先向男士伸手（如女士无握手之意，男士可点头或鞠躬致意；倘若男士是祖辈的年龄，则男士先伸手也是可以的）；

（6）老师先向学生伸手；

（7）已婚者先向未婚者伸手；

（8）上级先向下级伸手；

（9）社交场合中的先到者先向晚到者伸手；

（10）拜访时，一般是主人先伸手，表示欢迎；

（11）告别时，应由客人先伸手，以表示感谢，并请主人留步；

（12）如果同许多人握手，应当先长后幼，先高后低，先女后男，先老师后学生，先已婚者后未婚者，先上级后下级（以此类推）；

（13）在接待外宾时，主人有向客人先伸手的义务，无论对方是男是女，主人都应先伸出手表示欢迎；

（14）在公务场合，握手时的先后次序主要取决于职位、身份（比如：男总经理和女秘书握手，应该是前者先伸手）。

在与他人握手过程中，应该注意到一些细节，当你与别人握手时，切记不要有如下表现：不要打乱先后顺序，抢先出手；不要目光游离，漫不经心；不要不脱手套，自恃高傲；不要掌心向下，目中无人；不要用力不当，敷衍鲁莽；握手时间不要太长，让人无所适从。

握手动作的主动与被动、力量的大小、时间的长短、身体的俯仰、面部的表情以及视线的方向，往往表现握手人对对方的不同礼遇和态度，也能窥测对方的心里奥秘。

握手不仅是相互传情递意、联络沟通的手段，而且从握手的姿势中可透露双方的心态及性格特点。总之，握手时应讲究一些技巧，主动、热情、适时地握手，是很有必要的，这样会增加双方的亲切感。

培养自己独特的气质

每个人都应培养适合自己独特的气质。只有具备了自身的优雅风度，畅游于社交之海，才会自如洒脱，才不会再为自己有无风度而心有余悸和压力。培养自己的气质吧！在社会实践中不断地锻炼自己，尽早成为一个社交场中的佼佼者。

气质是指人相对稳定的个性特征、风格以及气度。性格开朗、潇洒大方的人，往往表现出一种聪慧的气质；性格开朗、温文尔雅，多显露出高洁的气质；性格爽直、风格豪放的人，气质多表现为粗犷；性格温和、风度秀丽端庄，气质则表现为恬静……无论聪慧、高洁，还是粗犷、恬静，都能产生一定的美感。相反，刁钻奸滑、孤傲冷僻，或卑劣萎靡的气质，除了使人厌恶以外，绝无美感可言。

如果你是有心人，则会发现，气质给人的美感是不受年纪、服饰和打扮局限的。一个人的真正魅力主要在于特有的气质，这种气质对同性和异性都有吸引力。这是一种内在的人格魅力。气质美首先表现在丰富的内心世界。

气质外化在一个人的举手投足之间。走路的步态，待人接物的风度，皆属气质。朋友初交，互相打量，立即产生好的印象。这种好感除了来自言谈之外，就是来自作风举止了。热情而不轻浮，大方而不傲慢，就表露出一种高雅的气质。狂热浮躁或自命不凡，就是气质低劣的表现。

此外，气质美还表现在性格上。这就涉及到平素的修养。要忌怒忌狂，能忍辱谦让，关怀体贴别人。忍让并非沉默，更不是逆来顺受，毫无主见。相反，开朗的性格往往透露出大气凛然的风度，更易表现出内心的情感。而富有感情的人，在气质上当然更添风采。高雅的兴趣是气质美的又一种表现。

例如，爱好文学并有一定的表达能力，欣赏音乐且有较好的乐感，喜欢美术而有基本的色调感等。许多人并不是靓女俊男，但在他们的身上却洋溢着夺人的气质美：认真，执著，聪慧，敏锐。这是真正的气质美，是和谐统一的内在美。追求美而不误解美、亵渎美，这就要求我们每一个热爱美、追求美的人都要从生活中领悟美的真谛，把美的外貌和美的气质、美的德行与美的语言结合起来，展现出人格、气质、外表的一个完整的美好形象来。

那么，我们应该如何培养自己独特的气质呢？

（1）洒脱的仪表，周到的礼节。

仪表和礼节是人初次见面所要接收的信息，第一次印象就从这里产生。一个人神貌端庄，俊逸潇洒，就能使人产生乐意接近的魅力。这种魅力不仅来自相貌和服装，而且来自人的气质。周到适宜的礼节，是人的内在品质的流露。得体的礼仪则使得交际可以顺畅地进行，你敬重别人，别人也敬重你。一个良好的开端是成功的一半，如果第一印象好，那么以后就感到情感的距离近多了。

（2）饱满的精神状态。

一个人神采奕奕，精力充沛，显得自信和富有活力，才能较好地激发对方的交际热情。如果无精打采，有气无力，会使对方感到你并不乐于交际，觉得兴味索然。即使你有交际的诚意，对方也难以理解，因为你言行不一。

（3）诚恳的对人态度：对人应当诚恳而坦率。

对人不应居高临下或卑躬屈膝，这都是不应该的或不必要的。言谈之时也可看出态度之诚恳与否。切忌支支吾吾，言语和表情自相矛盾。比较恰当而中肯的待人态度是端庄而不矜持冷漠，谦逊而不矫揉造作。不过，社交虽应注重诚实的原则，但也不必看得过死，只要不是损人利己，能达到社交的目的，不妨可以"不诚恳"一点。灵活机动处理问题比一味追求诚实效果要好。

（4）适当的表情动作。

人的体态和面部表情，是沟通人际关系的非语言交际形式，也是社交风度的具体表现方式。从体态来说，上身倾向于对方，表示兴趣与热情，也显得谦恭有礼；身体后仰，显得坦然随便，但有时会显得过于傲慢；侧转身子，表示嫌恶与蔑视；背朝对方则很不礼貌，意味着不理不睬了。在面部表情上，自然微笑，是友好热情的表示；如果肌肉紧绷，面若冰霜，不是心有敌意，就是过分拘谨，因此别人就不易接近了。

做到得体化着装

外在美在很大程度上取决于你的容颜。但随着日月的消逝，人的外在美也会逐渐减退，而一个人的风格即使他老了也不会褪色，风格是一种永不过时的美。

TOP是三个英语单词的缩写，它们分别代表时间（Time）、场合（Occasion）和地点（Place），即着装应该与当时的时间、所处的场合和地点相协调。

时间原则：不同时段的着装规则对女士尤其重要。男士有一套质地上乘的深色西装或中山装足以包打天下，而女士的着装则要随时间而变换。白天工作时，女士应穿着正式套装，以体现专业性；晚上出席鸡尾酒会就须多加一些修饰，如换一双高跟鞋，戴上有光泽的佩饰，围一条漂亮的丝巾；服装的选择还要适合季节气候特点，保持与潮流大势同步。

场合原则：衣着要与场合协调。与顾客会谈、参加正式会议等，衣着应庄重考究；听音乐会或看芭蕾舞，则应按惯例着正装；出席正式宴会时，则应穿中国的传统旗袍或西方的长裙晚礼服；而在朋友聚会、郊游等场合，着装应轻便舒适。试想一下，如果大家都穿便装，你却穿礼服就有欠轻松；同样的，如果以便装出席正式宴会，不但是对宴会主人的不尊重，也会令自己颇觉尴尬。

地点原则：在自己家里接待客人，可以穿着舒适但整洁的休闲服；如果是去公司或单位拜访，穿职业套装会显得专业；外出时要顾及当地的传统和风俗习惯，如去教堂或寺庙等场所，不能穿过露或过短的服装。

正式场合男士着装的礼仪有哪些呢？

在重要会议和会谈、庄重的仪式以及正式宴请等场合，男士一般以西装为正装。一套完整的西装包括上衣、西裤、衬衫、领带、腰带、袜子和皮鞋。

（1）上衣：衣长刚好到臀部下缘或差不多到手自然下垂后的大拇指尖端的位置，肩宽以探出肩角2厘米左右为宜，袖长到手掌虎口处。胸围以系上纽扣后，衣服与腹部之间可以容下一个拳头大小为宜。

（2）西裤：裤线清晰笔直，裤脚前面盖住鞋面中央，后至鞋跟中央。

（3）衬衫：长袖衬衫是搭配西装的唯一选择，颜色以白色或淡蓝色为宜。衬衫领子要挺括；衬衫下摆要塞在裤腰内，系好领扣和袖口；衬衫领口和袖口要长于西服上装领口和袖口1~2厘米；衬衫里面的内衣领口和袖口不能外露。如果西服本身是有条纹的，应搭配纯色的衬衫，如果西服是纯色，则衬衫可以带有简单的条纹或图案。

（4）领带：领带图案以几何图案或纯色为宜。系领带时领结要饱满，与衬衫领口吻合要紧；领带长度以系好后大箭头垂到皮带扣处为准。

（5）腰带：材质以牛皮为宜，皮带扣应大小适中，样式和图案不宜太夸张。对于腰围较大的男士，可改用吊带将裤子固定住。

（6）袜子：袜子应选择深色的，切忌黑皮鞋配白袜子。袜口应适当高些，应以坐下跷起腿后不露出皮肤为准。

（7）皮鞋：搭配造型简单规整、鞋面光滑亮泽的式样。如果是深蓝色或黑色的西装，可以配黑色皮鞋，如果是咖啡色系西装，可以穿棕色皮鞋。压花、拼色、蛇皮、鳄鱼皮和异形皮鞋，不适于搭配正式西装。

正式场合女士着装的礼仪有哪些？

在重要会议和会谈、庄重的仪式以及正式宴请等场合，女士着装应端庄得体。

（1）上衣：上衣讲究平整挺括，较少使用饰物和花边进行点缀，纽扣应全部系上。

（2）裙子：以窄裙为主，年轻女性的裙子下摆可在膝盖以上3~6厘米，但不可太短；中老年女性的裙子应在膝盖以下3厘米左右。裙子里面应穿着衬裙。真皮或仿皮的西装套裙不宜在正式场合穿着。

（3）衬衫：以单色为最佳之选。穿着衬衫还应注意以下事项：衬衫的下摆应掖入裙腰之内而不是悬垂于外，也不要在腰间打结；衬衫的纽扣除最上面一粒可以不系上，其他纽扣均应系好；穿着西装套裙时不要脱下上衣而直接外穿衬衫。衬衫之内应当穿着内衣但不可显露出来。

（4）鞋袜：鞋子应是高跟鞋或中跟鞋。袜子应是高筒袜或连裤袜。鞋袜款式应以简单为主，颜色应与西装套裙相搭配。

（5）着装不要过于暴露和透明，尺寸也不要过于短小和紧身，否则会给人以不稳重的感觉。内衣不能外露，更不能外穿，穿裤子和裙子时，不要明显透出内裤的轮廓，文胸的肩带不能露在衣服外面。穿裙服时着丝袜，能增强腿部美感。腿较粗的人适合穿深色的袜子，腿较细的人适合穿浅色的袜子。一般不要选择鲜艳、带有网格或有明显花纹的丝袜。穿丝袜时，袜口不能露在裙子外面。

附录

>>>>>>>> 卡耐基经典语录

1. 我们若已接受最坏的,就再没有什么损失。

2. 精神振作的商人,除了有小心谨慎的习惯之外,还得要有敏捷和不因循两种长处。

3. 朝着一定目标走下去是"志",一鼓作气中途绝不停止为"气",两者合起来就是"志气"。一切事业的成败都取决于此。

4. 想交朋友,就要先为别人做些事——那些需要花时间、体力、体贴、奉献才能做到的事。

5. 私有财产,财富的积累法则,竞争法则,所有这些都是人类经历的最高结果,是迄今为止社会结出最佳果实的土壤。

6. 凡不关心别人的人,必会在有生之年遭受重大的困难,并且大大地伤害到其他人,也就是这种人导致了人类的种种错误。

7. 关心他人与其他人际关系的原则是一样的,必须出于真诚,不仅付出关心的人应该这样,接受关心的人也应当如此。

8. 行为胜于言论,对人微笑就是向人表明:"我喜欢你,你使我快乐,我喜欢见到你"。

9. 世上人人都在寻找快乐,但是只有一个确实有效的方法,那就是控制你的思想,快乐不在乎外界的情况,而是依靠内心的情况。

10. 行动好像是跟随感觉走的,其实不是如此,行动是与感觉平行的,我们能使直接受意志支配的行动有规律,也能间接地使不直接受意志制约的支配有规律。

11．一种简单、明显,最重要的获得好感的方法,那就是记住他人的姓名,使他人感觉对于别人很重要。

12．多数人记不住别人的姓名,只是因为他们没有下必要的功夫和精力去记忆,他们给自己找借口:他们太忙。

13．始终挑剔的人,甚至最激烈的批评者,都会在一个有忍耐和同情心的倾听者面前软化降服。

14．如果希望成为一个善于谈话的人,那就先做一个致意倾听的人。

15．与人沟通的诀窍就是:谈论别人最为愉悦事情。

16．如果你要使别人喜欢你,如果你想他人对你产生兴趣,你注意的一点是:谈论别人感兴趣的事情。

17．现实生活中有些人之所以会出现交际的障碍,就是因为他们不懂得忘记一个重要的原则:让他人感到自己重要。

18．人类本质里最深层的驱动力就是希望具有的重要性,你要别人怎么对待你,你就先怎样的对待别人。

19．我的座右铭是:第一是诚实,第二是勤勉,第三是专工作。

20．一个不注意小事情的人,永远不会成就大事业。

21．尽量在舒适的情况下工作。记住,身体的紧张会制造肩痛和精神疲劳。

22．在人生的道路上能谦让三分,即能天宽地阔,消除一切困难,解除一切纠葛。

23．人生如舞台,如果你单单叙述一件事情,就无法打动人心。

24．零星的时间,如果能敏捷地加以利用,可成为完整的时间。所谓"积土成山"是也,失去一日甚易,欲得回已无途。

25．世俗有"时间是金钱"这句话,所以窃取他人时间的小偷,当然该加以处罚,即使是那些愉快的好人,还是该如忌讳疾病地躲避他们。

26．一个人事业上的成功,只有15%是由于他的专业技术,另外的85%要依赖人际关系、处世技巧。软与硬是相对而言的。专业的技术是硬本领,善于处理人际关系的交际本领则是软实力。

27．当机会呈现在眼前时，若能牢牢掌握，十之八九都可以获得成功。而能克服偶发事件，并且替自己找寻机会的人，更可以百分之百地获得胜利。

28．真正的读书使瞌睡者醒来，给未定目标者选择适当的目标。正当的书籍指示人以正道，使其避免误入歧途。

29．今天太宝贵，不应该为酸苦的忧虑和辛涩的悔恨所消蚀。把下巴抬高，使思想焕发出光彩，像春阳下跳跃的山泉。抓住今天，它不再回来。

30．你有信仰就年轻，疑惑就年老；有自信就年轻，畏惧就年老；有希望就年轻，绝望就年老；岁月使你皮肤起皱，但是失去了热忱，就损伤了灵魂。

31．要使别人喜欢你，首先你得改变对人的态度，把精神放得轻松一点，表情自然，笑容可掬，这样别人就会对你产生喜爱的感觉了

32．许多人在重组自己的偏见时，还以为自己是在思考。

33．每个人的行事都有两个好理由：一是看起来很好；一是的确很好。

34．如果你被人批评，那是因为批评你能给他一种满足感。这也说明你是有成就的，而且引人注意。

35．天底下只有一种方法可以促使他人去做任何事——给他想要的东西。

36．批评不但不会改变现实，反而会招致愤恨。

37．成熟的人会适度地忍耐自己，正如他适度地忍耐别人一样。他不会以为自己的一些弱点而感到活得很痛苦。

38．不喜欢自己的人，表现的症状之一便是自我挑剔。

39．一般的人常因他人的批评而愤怒，有智慧的人却想办法从中学习。

40．敌人对我们的看法比我们自己的观点可能更接近事实。

41．不合理的批评往往是一种掩饰的赞美。

42．小人常为伟人的缺点或过失而得意。

43．想想自己拥有老天赐予的恩惠，你就不会再有忧虑了。

44．一个令人吃惊的可悲事实是，无数不会浪费金钱的人，却在鲁鲁莽

莽地虚掷浪费自己的精力。

45．紧张是一种习惯，放松也是一种习惯。

46．一个人最糟的是不能成为自己，而且在身体与心灵中保持自我。

47．你在这个世界上每天都是一个崭新的自我，为此而高兴吧。善用你的天赋。

48．人若是心灵成熟，或心智继续成长，就能与人讨论任何事情而不致引人生厌。

49．言语乏味的人不但不了解自己、不喜欢自己，甚至也不能保持自己的自然天性。

50．在纷繁复杂的现代社会，只有能保持内心平静的人，才不会变成神经病。

51．不知道如何抗拒忧虑的人就会减少寿命。

52．学会对自己说："这件事情只值得我担一点点心，没有必要去操更多的心。"

53．获得心理平静的最大秘密之一，就是要有正确的价值观念。

54．不要怕推销自己，只要你认为自己有才华，你就应该认为自己有资格担任这个或那个职务。